ミニマムで学ぶ
中国語の
ことわざ

千野 明日香 著
八角 朱恵 協力

クレス出版

ミニマムで学ぶ〈ことわざ〉

　異文化（外国の文化）に関心を持ち、深く知りたいと思ったとき、私たちはまずその言語を学ぼうとします。具体的には、基礎的な文法と基本的なボキャブラリー（語彙）を身につける必要があるでしょう。そして、文章を読んだり、作文をしたり、簡単な会話に取り組んでいくことになります。しかし、それで十分かというと、その先にことわざの世界がひろがっていきます。

　ことわざはよく比喩を用います。たとえば、ヨーロッパの多くの言語に、直訳すると「静かな水は深く流れる」となる表現（ふつうは「静かな淵は深い」と訳される）がありますが、これは水音の低い淵が深いことを表すだけでなく、比喩的に無口な人について、表面からは窺いしれないものがあることを示唆しています。こうした表現は、予備知識なしに初めて聞いたのでは、とうてい理解できないものでしょう。比喩には、国際的に通用するものもありますが、母語（生まれたときから自然に身につけた言語）からの類推だけでは理解できず、とんでもない誤解をしかねないものもあるのです。

　しかも、ことわざには価値判断の基準や行動の指針となるものがあり、しばしば結論に直結しています。だから、文意をほぼ理解できたつもりでも、ことわざがわからないために結論が把握できないことも出てきます。ことわざには、人の行動を左右する力があり、単なる文章の一部というより、肝心な核心部分となることが少なからずあるといってよいでしょう。〈ことわざ〉がカルチュラル・リテラシー（異文化の読解力）の重要なキイとされるのも当然です。

　では、異文化理解のためにどれくらいことわざを知る必要があるのでしょうか。ペルミャコーフ（ロシアのことわざ研究者）は、母語話者（ネイティブ）が常識的に知っていて、よく使うことわざをミニマ

ムと名づけ、およそ 400 を知っておくことが望ましいとしていました。

　しかし、ネイティブであっても、最初から 400 ものことわざを知っているわけではありません。幼少期から日常生活のなかで、いろいろな体験とともに少しずつ耳にすることによって、しだいにことわざを身につけていくことはいうまでもないでしょう。そのプロセスは、生活のなかでことわざを自然におぼえるだけでなく、同時に無意識のうちにことわざに対する感覚を身につけ、磨いていくものです。大人が口にすることわざが直ちに理解できなくても、使用場面と音声が脳内に蓄積されることによって、しだいに感覚的理解が形成されるといってよいでしょう。

　〈ミニマムで学ぶ〉シリーズは、このプロセスを参考に、〈ミニマム〉を異文化理解の出発点として最小限必要なことわざを再解釈し、ことわざを論理的に理解するだけではなく、感覚的にも自分のものにするためのツールを目指しています。そのために、各言語のことわざ研究者が 100 のことわざを精選し、意味・用法を詳しく解説し、レトリックや参考となる文化的背景にもふれるようにしました。また、各言語のネイティブの協力を得て、現代の会話を中心に用例を示しています。

　このように最低限必要な 100 のことわざをていねいに学んでいくメソッドは、一見遠回りのようですが、さらに多くのことわざ表現を理解する上で不可欠な感覚を身につけることができ、異文化理解を着実に進めるものとなるでしょう。とりわけ現代の会話例は、ことわざのアクティブな活用に役立つことを確信しています。

　本シリーズが各言語のことわざの世界への扉をひらき、読者にとって異文化理解の礎石となることを願っています。

　2024 年 7 月

　　　　　　ミニマムで学ぶことわざシリーズ監修　北村　孝一

はじめに

　中国は方言差の大きい国です。そのため、教育の場では普通話 pǔtōnghuà（共通語）が使われています。本書で取り上げたのは、普通話で教育を受けた中国の人なら、おそらく誰でも知っている基本的なことわざです。

　ことわざをうまく使うと、言いたいことを最短距離で伝えることができます。さらにウィットやユーモアも付け加わって場がなごみ、豊かなコミュニケーションを持つことができます。

　でも、ことわざは誰でも使いこなせるわけではありません。うまく使いこなすには、ことわざの意味とニュアンスを的確につかむこと、そして使うのにふさわしい場面を知ることが必要です。

　例えば「**冰凍三尺非一日之寒**」（本書 77 頁）ということわざは、「厚さ三尺（約 1 m）もの氷は一日の寒さで張るわけではない」という意味です。しかし「厚い氷」は、二つの異なるニュアンスで使われます。一つは長期にわたって形作られたねじれた状態です。例えば人なら、良くない生育環境のために性格がゆがんでしまった人物などを表すのに向いています。これには嘆息の気持ちも含まれています。もう一つはすばらしい技能です。スポーツなら、長期にわたって倦まずたゆまず鍛錬を積んできた人物を表すときなどに向いています。これにはたたえる気持ちがあります。

　ことわざの表現は同じでも、このように文脈によって使われ方が大きく違ってくることがあります。

　こうしたことを知るために、本書では先ずことわざの意味を詳しく説明し、日本語訳はニュアンスが伝わるように心がけました。ま

- v -

た、ことわざがどのように使われるかを知るために、現代の会話を中心とした用例をなるべく複数紹介しておきました。

　ことわざは日常生活だけではなく小説、芝居、映画などいろいろなところで使われています。

　一例ですが、先日あるファンタジー時代小説を読んでいたら、「**百聞不如一見**」（本書85頁、百聞は一見に如かず）ということわざが何度も使われる場面がありました。主人公の青年が勢力のある武術家の屋敷に泊まると、大勢の武術家たちが訪ねて来ます。そこで青年はこのことわざを使って彼らと一人一人挨拶を交わします。

　このことわざは本来何回聞いても一度実際に見るには及ばないという意味ですが、この場面では初対面の相手に対する社交辞令として使われています。これを使うと、相手を高名な人物として立てた言い方になります。小説の場面では、ことわざが繰り返されることで、青年が挨拶疲れしてしまう様子がよく伝わってきました。

　ことわざの理解は、心の機微に触れるのに欠かせません。本書が中国の人々を理解するきっかけになり、コミュニケーションに少しでも役立つなら、これ以上嬉しいことはありません。

　　本書の例文は、すべて協力者の八角朱恵さんに最終的に目を通していただきました。例文の多くは鄭淑華さんにも目を通していただいています。鄭さんは八角さんのお母さんで、上海で長く国語の教師をしてきた方です。金佩華さんからは、例文のニュアンスの違いなどについてアドバイスをいただきました。金さんは北京で生まれ、来日後は長く中国語を教えてきた方です。また、困ったときにいつも助言をくれる家族にも感謝しています。
　　これらの人々の協力がなければ本書はできませんでした。この場を借りてお礼申し上げます。

著　者

ミニマムで学ぶ　中国語のことわざ　目　次

第1章　雨風と禍は不意に来る …………………………………… 1
　　コラム　ことわざ、四字熟語、しゃれ言葉 ……………… 14

第2章　口は刀でも心は豆腐 …………………………………… 15
　　コラム　お国訛りのことわざ ……………………………… 40

第3章　つけた鈴は自分で外せ ………………………………… 41
　　コラム　隣り近所のことわざ ……………………………… 58

第4章　三人寄れば無責任 ……………………………………… 59
　　コラム　猫のことわざ ……………………………………… 80

第5章　一口にして布袋腹はならず …………………………… 81
　　コラム　旅のことわざ ……………………………………… 98

第6章　立派に死ぬより這っても生きよ ……………………… 99
　　コラム　ことわざは生きている …………………………… 112

中国語ことわざ索引 …………………………………………… 113
日本語訳ことわざ索引 ………………………………………… 116
参考文献 ………………………………………………………… 119

- vii -

《凡例》

【意味】原文に沿ったことわざの意味。意味の似た日本のことわざ。

【用法】ことわざの主な使い方。異形（バリアント）、前後でよく用いられる言い回し。

【ポイント】単語や表現の語釈。簡体字には、日本で使われる漢字を添えて説明した。

【参考】ことわざの文化的背景など。

【用例】ことわざが使われる典型的な場面での会話や文。

第1章

雨風と禍は不意に来る

〔1〕天有不測风云，人有旦夕祸福

Tiān yǒu búcè fēngyún, rén yǒu dànxī huò fú

雨風と 禍 は不意に来る

【意味】 天上でにわかに風や雲が巻き起こるように、人の運命は朝と夕方で思いもよらぬ急変を遂げる。禍は突然やってくる。

【用法】 人が突然災難に襲われたときに使う。急病や事故などで、平穏な日常が突然暗転したときに使うことが多い。

【ポイント】「不測」(＝不測) は予測できない。「风云」(＝風雲) は天気の変化。雨風。「旦夕」は朝から夕方までの僅かな時間。「祸福」(＝禍福) は災難と幸運。意味からすれば幸運が訪れたときも使えるはずだが、このことわざについては「禍」、つまり災難の方に使うことが多い。

【用例1】"又一个倒下了。最近好几个有名的企业家得急病住院了。""是呀。他们还那么年轻，真是天有不测风云，人有旦夕祸福。"Yòu yí ge dǎoxià le. Zuìjìn hǎo jǐ ge yǒumíng de qǐyèjiā dé jíbìng zhù yuàn le." "Shì ya. Tāmen hái nàme niánqīng, zhēnshi tiān yǒu búcè fēngyún, rén yǒu dànxī huò fú."

（「また一人倒れたね。最近、有名な企業家で急病のため入院した人が何人もいる」。「そうだね。彼らはまだあんなに若いのに。まったく雨風と禍は不意に来るだね」。）

【用例2】老板的店和仓库被洪水淹了，真是天有不测风云，人有旦夕祸福。

Lǎobǎn de diàn hé cāngkù bèi hóngshuǐ yān le, zhēnshi tiān yǒu búcè fēngyún, rén yǒu dànxī huò fú.（社長の店と倉庫が洪水で水没した。まったく雨風と災いは不意に来るだね。）

第1章　雨風と禍は不意に来る

〔2〕三十年河东，三十年河西
Sānshí nián hé dōng, sānshí nián hé xī

時行けば幸は移ろう

【意味】河の東にあった風水の良い場所も、三十年経てば河の西に移ってしまう。それまで栄えていた河の東はさびれ、今度は河の西が栄える。世の中に絶対不変のものはなく、とわに移り変わる。

【用法】国や地域の栄枯盛衰、個人の運命の浮き沈みを形容するときに使う。単に栄えていたものが没落したり、貧しい者が栄達したりして完結するわけではなく、浮沈は未来永劫繰り返されてゆくと考えられている。

【参考】風水は、都城、住宅、墳墓の地の建設にあたり、災禍を避け幸福を招くために地相を判断する術。

【用例1】俗话说："三十年河东，三十年河西"。老艾文革时受批斗受折磨，得了重病。但平反以后，官复原职，还当上了人大代表，精神越来越好了。Súhuà shuō: "Sānshí nián hé dōng, sānshí nián hé xī." Lǎo Ài Wéngé shí shòu pīdòu shòu zhémó, déle zhòngbìng. Dàn píngfǎn yǐhòu, guān fù yuánzhí, hái dāngshàngle Réndà dàibiǎo, jīngshen yuèláiyuè hǎo le.（ことわざに時行けば幸は移ろうという。艾さんは文化大革命で吊るし上げにあい、痛めつけられて重病を患った。だが、名誉回復を遂げた後は原職に復帰し、さらに人民代表大会代表に就任して、ますます意気盛んだ。）

【用例2】奶奶（刘孙氏）说："我们现在过着好日子，但不能看不起比我们穷的人，都说三十年河东，三十年河西，谁知道以后又会怎么样呢？" Nǎinai (Liú Sūn shì) shuō: "Wǒmen xiànzài guòzhe hǎo rìzi, dàn bù néng kànbuqǐ bǐ wǒmen qióng de rén, dōu shuō sānshí nián hé dōng, sānshí nián hé xī, shéi zhīdào yǐhòu yòu huì zěnmeyàng ne?"（祖母〔劉孫氏*〕はいう。「うちは今良い暮らしをしているけれども、うちより貧しい人を見下してはいけないよ。皆が時行けば幸は移ろうというように、先々どうなるかなんて誰にもわかりやしないよね？」）

　＊劉孫氏は、祖母の結婚後の呼び名。劉家にとついだ孫家の女性の意。かつては多くの女性に正式な名がなく、このような呼び方をした。女性の地位が低かったことに加え、名前を呼ぶのは失礼、名前を知られると呪われるなどの考え方の影響もあった。

- 3 -

〔3〕福无双至，祸不单行

Fú wú shuāng zhì, huò bù dān xíng

福は続かず、禍（わざわい）は重なる

【意味】 いいことは続かず、悪いことは立て続けに起こる。

【用法】 多くは悪いことが二つ以上続いたときに使う。この場合は二句目だけを使うことが多い。また、いいことがあったとしても、そんな幸運は長く続かないだろう、という悲観的な気持ちを表すときは、一句目だけを使う。

【ポイント】 「祸」(＝禍) はわざわい。「单行」(＝単行) は単独でやってくる。

【用例1】 那天当我在机场送女儿女婿去度蜜月时，母亲来电话说，父亲突然病倒，住院了。我赶快开车去医院，路上车被追尾了。真是福无双至，祸不单行。Nà tiān dāng wǒ zài jīchǎng sòng nǚ'ér nǚxù qù dù mìyuè shí, mǔqīn lái diànhuà shuō, fùqin tūrán bìngdǎo, zhù yuàn le. Wǒ gǎnkuài kāi chē qù yīyuàn, lùshang chē bèi zhuīwěi le. Zhēnshi fú wú shuāng zhì, huò bù dān xíng.（あの日空港で新婚旅行に出かける娘と婿を見送っていたら母が電話してきて、父が突然倒れて入院したという。急いで車を運転して病院に向かったら、途中で後続車に追突された。まったく福は続かず、禍は重なるだ。）

【用例2】 前几天老张妻子的首饰盒被贼偷走了，她大哭了一场。今天儿子回到家说，妻子要跟他离婚，真是祸不单行！Qián jǐ tiān Lǎo Zhāng qīzi de shǒushìhé bèi zéi tōuzǒu le, tā dà kūle yì chǎng. Jīntiān érzi huídào jiā shuō, qīzi yào gēn tā lí hūn, zhēnshi huò bù dān xíng!（数日前、張さんの奥さんは泥棒に宝石箱を盗まれて大泣きした。今日は息子が家に帰ってきて、嫁が離婚したいと言っているという。まったく禍は重なるだ。）

第 1 章　雨風と禍は不意に来る

〔4〕有缘千里来相会，无缘对面不相逢
Yǒu yuán qiān lǐ lái xiāng huì, wú yuán duì miàn bù xiāng féng

人の縁（えにし）に道のりなし

【意味】 縁が有れば千里離れていても巡り合うが、縁が無ければ顔を合わせても行きずりの人で終わる。人との出会いはすべて縁により決まるのであって、距離の遠近は関係がない。何事も縁。

【用法】 偶然出会った遠方の人と言葉をかわすときに使う。ふとしたきっかけで友人となったり、男女が結婚したりした場合などに使うことが多い。

【ポイント】 「有缘」(＝有縁) は縁がある。「里」は中国の距離の単位で、「千里」は遠い距離を象徴的に示す。1 里の長さは時代によって異なるが、現代では 500m。日本にも中国から入ったが、1 里は約 4 km とされ、中国とは異なっている。「相会」は知り合う。「无缘」(＝無縁) は縁がない。「对面」(＝対面) は面と向かう。「逢」は出会う。

【用例 1】"你是来日本旅游的中国人吧？ 我也是中国人，在日本定居了。" "哦！ 没想到在富士山顶见到同胞，真是有缘千里来相会，无缘对面不相逢。" "Nǐ shì lái Rìběn lǚyóu de Zhōngguó rén ba? Wǒ yě shì Zhōngguó rén, zài Rìběn dìngjū le." "Ò! Méi xiǎngdào Fùshì shāndǐng jiàndào tóngbāo, zhēnshi yǒu yuán qiān lǐ lái xiāng huì, wú yuán duì miàn bù xiāng féng！"（「あなたは日本へ旅行に来た中国人でしょう？ 私も中国人で、日本に定住したんですよ」。「おおっ！ 富士山頂で同じ国の人に出会うとは思わなかった。本当に人の縁に道のりなしですね！」）

【用例 2】"子轩，我们通过网络认识而相爱，却不知道隔壁住的是谁。" "白云，真是有缘千里来相会，无缘对面不相逢。" "Zǐxuān, wǒmen tōngguò wǎngluò rènshi ér xiāng'ài, què bù zhīdào gébì zhù de shì shéi." "Bái Yún, zhēnshi yǒu yuán qiān lǐ lái xiāng huì, wú yuán duì miàn bù xiāng féng."（「子軒、私たちはネットで知り合って愛し合うようになったけれど、隣に住んでいるのが誰かは知らないわ」。「白雲、本当に人の縁に道のりなしだね」。）

- 5 -

〔5〕 山外有山，天外有天
Shān wài yǒu shān, tiān wài yǒu tiān

山や空はよそにもある

【意味】 世界は広い。山の向こうにはまた山が、空の上のまたその上にも空がある。技能や能力等で自分は優れていると思っていても、広い世の中には必ずもっと優れた人がいる。上には上がある。

【用法】 世の中に有能な人はいるものだと感嘆するとき使う。また、有能な人はたくさんいるのだから、現状に満足してはいけないと諭すときに使う。

【ポイント】「外」はある範囲を越えて出た場所。「山外有山」は、山を越えるとまた山がある。「天」は空。地面から上の空間すべて。「天外有天」は、見えている空の上にもさらに空がある。

【用例 1】 "李叔叔，小学中学老师一直说我很聪明，进入大学以后，才知道聪明的人太多了。""震华，这就是山外有山，天外有天。" "Lǐ shūshu, xiǎoxué zhōngxué lǎoshī yìzhí shuō wǒ hěn cōngmíng, jìnrù dàxué yǐhòu, cái zhīdào cōngmíng de rén tài duō le." "Zhènhuá, zhè jiù shì shān wài yǒu shān, tiān wài yǒu tiān." (「李叔父さん、小中高の先生方はずっと僕は頭がいいといってくれた。大学に入って、はじめて自分より賢い人はいくらでもいるということを知ったよ」。「震華、山や空はよそにもあるということだよ」。)

【用例 2】 曹师傅对徒弟小汪说："你的技术不错了，但是山外有山，天外有天，比你强的人还有很多，你要继续努力。" Cáo shīfu duì túdì Xiǎo Wāng shuō:"Nǐ de jìshù búcuò le, dànshì shān wài yǒu shān, tiān wài yǒu tiān, bǐ nǐ qiáng de rén hái yǒu hěn duō, nǐ yào jìxù nǔlì." (曹親方が徒弟の汪にいった。「お前は腕を上げた。だが、山や空はよそにもある。お前より腕が立つ職人はまだたくさんいる。努力し続けるのだよ」。)

第1章　雨風と禍は不意に来る

〔6〕留得青山在，不怕没柴烧
Liú dé qīngshān zài, bú pà méi chái shāo

青山あれば薪尽きず
（せいざん）

【意味】木の茂る山を残すことができれば、燃料の薪がなくなる心配はない。根本になる物を失いさえしなければ、再起して発展することができる。命さえあれば何とかなる。

【用法】災難に遭って歎いている人や病人に対して、肝心なもの（命など）さえ失わなければ、必ず再起できると慰めたり励ましたりするとき使う。

【ポイント】「〜得」は〜し得る、〜できる。「留得」は留め得る。残しておける。「青山」は、木々が青々と生い茂る山。基いとなるものの喩え。「怕〜」は〜を恐れる。「没柴烧」は、燃やす薪がない。例えば「没衣服穿」Méi yīfu chuān なら、着る服がない。

【用例1】"这次地震震坏了我的房子。""俗话说：'留得青山在，不怕没柴烧。'只要人活着，还会有新房子的。" "Zhè cì dìzhèn zhènhuàile wǒ de fángzi." "Súhuà shuō：'Liú dé qīngshān zài, bú pà méi chái shāo.' Zhǐyào rén huózhe, hái huì yǒu xīn fángzi de."（「今度の地震で家が壊れてしまった」。「ことわざにも青山あれば薪尽きずという。生きていさえすれば、新しい家はまた持てるよ」。）

【用例2】"白云，我这病很严重！医生说，要住院治疗。我要休学一段时间。""梓涵，留得青山在，不怕没柴烧，病好了，干什么都行。" "Bái Yún, wǒ zhè bìng hěn yánzhòng! Yīshēng shuō, yào zhù yuàn zhìliáo. Wǒ yào xiū xué yí duàn shíjiān." "Zǐhán, liú dé qīngshān zài, bú pà méi chái shāo, bìng hǎo le, gàn shénme dōu xíng."（「白雲、私の病気は重いんだって！先生は入院治療が必要だと言っていたわ。しばらく休学しなければならないの」。「梓涵、青山あれば薪尽きずというでしょ。病気が良くなれば、何だってできるわよ」。）

- 7 -

〔7〕从小看大，三岁知老
Cóng xiǎo kàn dà, sān suì zhī lǎo

行く末は、三つ子の姿に表れる

【意味】 幼子の挙措言行を見れば、成長後どのような大人になるかがわかる。数え年三歳の子の挙措言行には、老い先が表れる。三つ子の魂百まで。雀百まで踊り忘れず。

【用法】 幼児に先の見込みがあるかどうか、大人があれこれ品評するとき使う。褒めるときにもけなすときにも使う。

【ポイント】「从～」(＝従～)は～から。「小」は小さい頃。「看」は見る、判断する。「大」は成長した後。「三岁」(＝三歳)は数え年の三歳。満年齢ではない。「老」は年老いたときのこと。「三岁定八十」sān suì dìng bāshí（三つ子の魂八十まで）など他にも多くの言い方がある。

【参考】 幼児の言動、挙措を見てどんな大人になるかを品定めする習慣がある。

【用例1】"王芳的儿子三岁就会背很多唐诗了。""从小看大，三岁知老，长大了会有出息的。" "Wáng Fāng de érzi sān suì jiù huì bèi hěn duō Tángshī le." "Cóng xiǎo kàn dà, sān suì zhī lǎo, zhǎngdàle huì yǒu chūxī de."
（「王芳さんの息子は、三歳でもう唐詩をたくさん暗唱できるようになったんだって」。「行く末は、三つ子の姿に表れるだね。大きくなったらものになりそうだ」。）

【用例2】陈丽华："儿子喜欢的玩具都是刀枪之类。" 孙要武："从小看大，三岁知老，说不定他长大了能当军人呢！" Chén Lìhuá: "Érzi xǐhuan de wánjù dōu shì dāoqiāng zhī lèi." Sūn Yàowǔ: "Cóng xiǎo kàn dà, sān suì zhī lǎo, shuōbudìng tā zhǎngdàle néng dāng jūnrén ne!"（陳麗華「息子の好きなおもちゃは、みんな刀とかピストルのたぐいだわね」。孫要武「行く末は、三つ子の姿に表れるという。大きくなったら軍人になるかもしれないな！」）

第1章　雨風と禍は不意に来る

〔8〕病来如山倒，病去如抽丝
Bìng lái rú shān dǎo, bìng qù rú chōu sī

病むときは山津波のように、治るときは糸挽くように

【意味】病気は山が崩れるように突然やってくるが、治るときは繭から糸を挽くようにわずかずつしか治らない。病気というものは、徐々にしか治らないものだ。

【用法】気長に養生するようにと病人を慰めるとき使う。また、病気になって時間が経ったのになかなか治らないと嘆くとき使う。

【ポイント】「病来」は病気が訪れる、病気になる。「如～」は～のようだ。「山倒」は山が崩れる。山津波が押し寄せるように、突然発病する。「抽」は引き出す。「丝」（＝糸）は絹糸。「如抽丝」は繭から糸を挽くように。繭は一本の糸だけでできているので、まず糸の端をさがしあて、そこから煙のように細い糸を挽いていく。一つの繭の糸の長さは、1km以上もあるという。病人が健康を取り戻すのにかかる時間を長い糸に喩えている。

【用例1】黄秀梅："我已经住院两个月了，不知什么时候能出院。"杨跃进："病来如山倒，病去如抽丝，别着急，安心治病，会好的。" Huáng Xiùméi："Wǒ yǐjīng zhù yuàn liǎng ge yuè le, bùzhī shénme shíhòu néng chū yuàn." Yáng Yuèjìn："Bìng lái rú shān dǎo, bìng qù rú chōu sī, bié zháo jí, ānxīn zhì bìng, huì hǎo de."（黄秀梅「入院してもう二か月になるけれど、いつ退院できるのかしら」。楊躍進「病むときは山津浪のように、治るときは糸挽くようにというだろ。あせらず心穏やかに治療に専念していれば良くなるよ」。）

【用例2】"听说你得了流感，发烧三十九度，现在有好转了吗？""病来如山倒，病去如抽丝，已经一周了，还在流鼻涕。"Tīng shuō nǐ déle liúgǎn, fā shāo sānshíjiǔ dù, xiànzài yǒu hǎozhuǎn le ma？""Bìng lái rú shān dǎo, bìng qù rú chōu sī, yǐjīng yì zhōu le, hái zài liú bítì."（「インフルエンザで39度の熱を出したそうだけれど、今は軽快したの？」「病むときは山津浪のように、治るときは糸挽くようにだね。もう一週間になるのに、まだ鼻水が出ているよ」。）

- 9 -

〔9〕病从口入，祸从口出
Bìng cóng kǒu rù, huò cóng kǒu chū

病は口から、禍_{わざわい}も口から

【意味】 病は口から入り、災いは口から出る。病気の原因となる不衛生な食物、ばい菌等は口から入る。人とのトラブルは、不用意な言葉を口から発することで引き起こされる。口は災いの元。

【用法】 一句目は病気を予防するために、口から入るもの（飲食など）に気をつけるよう注意するとき使う。二句目はトラブルを避けるため、言葉（噂話など）には気をつけるよう注意するときに使う。一句目二句目それぞれ単独でも使う。

【ポイント】 「从～」（＝従）は～から。「祸」（＝禍）。

【用例1】 讲究饮食卫生，防止病从口入 Jiǎngjiu yǐnshí wèishēng, fángzhǐ bìng cóng kǒu rù（食べ物の衛生に気を付けて、口からの感染を防ごう）＊公共施設などのポスター

【用例2】 "这小道消息千万别外传，小心祸从口出。" "Zhè xiǎodào xiāoxi qiānwàn bié wàichuán, xiǎoxīn huò cóng kǒu chū."（この噂は絶対誰にも言わないで。禍は口からにならないようにしなくちゃ。）

【用例3】 老丁知道儿子勋铭经常参与网上敏感话题的争论，就教育他说："俗话说：'病从口入，祸从口出'，现在网络警察多，你别参与，别惹事了。"儿子不服气地说："爸，别担心，我说的都是真话，有很多人支持我。"
Lǎo Dīng zhīdào érzi Xūnmíng jīngcháng cānyù wǎngshàng mǐngǎn huàtí de zhēnglùn, jiù jiàoyù tā shuō: "Súhuà shuō：'Bìng cóng kǒu rù, huò cóng kǒu chū', xiànzài wǎngluò jǐngchá duō, nǐ bié cānyù, bié rě shì le." Érzi bù fúqì de shuō: "Bà, bié dān xīn, wǒ shuō de dōu shì zhēn huà, yǒu hěn duō rén zhīchí wǒ."（丁さんは息子の勲銘がしょっちゅうウェブ上でデリケートな話題についての議論に加わっているのを知り、説教していった。「ことわざに病は口から、禍も口からという。今インターネット・ポリスはたくさんいる。関わるな。面倒を起こすな」。息子は承服せず言った。「父さん、心配するな。俺が言っているのはみんな本当の事だから、たくさんの人が支持してくれているよ」。）

- 10 -

第1章　雨風と禍は不意に来る

〔10〕物以稀为贵
Wù yǐ xī wéi guì

少ない物に値は付く

【意味】物は少ないと値打ちが増す。希少価値のこと。

【用法】本来は別に珍しくない物が、数が少ないために値打ちが増したときに使う。基本的には物について使うが、人について使うこともある。

【ポイント】「以〜为…」(=以〜為…)は、〜を…と見なす。「稀」は少ない。まれである。「贵」(=貴)は値が張る。値段が高い。

【用例1】吴翠菊对我说："真是物以稀为贵！ 这里的荔枝十八块一斤，而在我们家乡，四块钱就能买一斤了。" Wú Cuìjú duì wǒ shuō: "Zhēnshi wù yǐ xī wéi guì！ Zhèli de lìzhī shíbā kuài yì jīn, ér zài wǒmen jiāxiāng, sì kuài qián jiù néng mǎi yì jīn le." (呉翠菊さんがわたしにいった。「まさに少ない物に値はつくだわね。ここのライチは1斤18元もするけど、うちの郷里なら4元で買えるわ。」)

【用例2】清朝的铜钱，我外婆家还有几枚，抽屉里随处放。可现今却值钱了，真是物以稀为贵！ Qīngcháo de tóngqián, wǒ wàipó jiā hái yǒu jǐ méi, chōutì li suíchù fàng. Kě xiànjīn què zhíqián le, zhēnshi wù yǐ xī wéi guì！(清朝のコインが母方の祖母の家の引き出しにいくつか転がっている。今となっては値打ちものだ。少ない物に値はつくね！)

【用例3】学习护理学的男生很少，但市场需求很大。物以稀为贵，毕业生是很抢手的。他们就业率几乎百分之百，收入也很可观。Xuéxí hùlǐxué de nánshēng hěn shǎo, dàn shìchǎng xūqiú hěn dà. Wù yǐ xī wéi guì, bìyèshēng shì hěn qiǎngshǒu de.Tāmen jiùyèlǜ jīhū bǎifēn zhī bǎi, shōurù yě hěn kěguān. (看護学を勉強する男子学生は少ないが、市場価値は高い。少ない物に値はつくで、卒業生はひっぱりだこだ。就職率はほとんど百パーセントで、収入も相当なものだ。)

〔11〕麻雀虽小，五脏俱全

Máquè suī xiǎo, wǔzàng jù quán

小鳥にも五臓六腑は揃っている

【意味】スズメは小さくても五臓六腑はすべて具わっている。規模は小さいが機能はちゃんと具わっている。

【用法】規模は小さいが、一つの有機体のように何もかも一式揃っている物（や組織）を形容するときに使う。

【ポイント】「麻雀」はスズメ。「虽～」(＝雖)は～ではあるが。「五脏」(＝五臓)は心臓、肝臓、脾臓、肺、腎臓。この五つの臓器だけではなく内臓全体を指す。「俱」はすべて。「全」は完備している。

【用例1】客人:"这套房子周围环境很好，但是比较小。" 房地产公司职员："麻雀虽小，五脏俱全。设备最新又齐全，住下来肯定满意。" Kèrén: "Zhè tào fángzi zhōuwéi huánjìng hěn hǎo, dànshì bǐjiào xiǎo." Fángdìchǎn gōngsī zhíyuán:"Máquè suī xiǎo, wǔzàng jù quán. Shèbèi zuì xīn yòu qíquán, zhùxiàlai kěndìng mǎnyì." （客「この家は周囲の環境は良いけれど、わりに狭いですね」。不動産会社社員「小鳥にも五臓六腑は揃っているといいます。最新の設備が完備しているので、お住まいになればきっとご満足いただけます」。）

【用例2】"我想去买一些东西，去哪里买好呢？""你去那家新开的商场看看吧，虽然规模不大，但是什么商店都有，真是麻雀虽小，五脏俱全。" "Wǒ xiǎng qù mǎi yì xiē dōngxi, qù nǎlǐ mǎi hǎo ne？" "Nǐ qù nà jiā xīn kāi de shāngchǎng kànkan ba, suīrán guīmó bú dà, dànshì shénme shāngdiàn dōu yǒu, zhēnshi máquè suī xiǎo, wǔzàng jù quán." （「ちょっと買い物に行きたいのですが、どこへ行ったらいいでしょうか？」「あの新しくできたショッピングモールを見に行かれたらどうでしょう。規模は大きくありませんが、どんな店でもあります。小鳥にも五臓六腑は揃っているですよ」。）

第1章　雨風と禍は不意に来る

〔12〕说曹操，曹操就到
Shuō Cáo Cāo, Cáo Cāo jiù dào

噂は主を呼ぶ

【意味】曹操の噂をすると、曹操が現れる。人の噂をしていると、その場に折よく当人が現れる。

【用法】人の噂をしていたら、その場に当人が現れたとき使う。噂をしあっていた人たちの間だけではなく現れた当人に対しても使って「ちょうど良い所で出会った」という気持ちを表す。「噂をすれば影」と訳されることが多いが、両者の語感はやや異なる。「噂をすれば影」は「陰口をたたいていると、えてしてその当人が現れて慌てることになるから噂話はするな」という教訓を含むことがあるが、中国のことわざにはそういった教訓臭はない。

【ポイント】「说」(＝説) は話す。「说曹操」は曹操のことを話す。「就」はそうすると。「曹操」は三国時代の魏の祖。

【用例1】"听说，今天的联欢会刘军也来参加。""你看，他来了，真是说曹操，曹操就到。""Tīng shuō, jīntiān de liánhuānhuì Liú Jūn yě lái cānjiā." "Nǐ kàn, tā lái le, zhēnshi shuō Cáo Cāo, Cáo Cāo jiù dào."（「今日の交歓会には劉軍君も来るらしいよ」。「ほら、彼が来た。本当に噂は主を呼ぶだね」。）

【用例2】朱薇薇打开门说："真巧！说曹操，曹操就到，我和老公正说到您呢，您就来了。"Zhū Wēiwei dǎ kāi mén shuō: "Zhēn qiǎo! Shuō Cáo Cāo, Cáo Cāo jiù dào, wǒ hé lǎogōng zhèng shuōdào nín ne, nín jiù lái le."（朱薇薇がドアを開けていった。「なんて偶然！ 噂は主を呼ぶ。うちの人とあなたのお噂をしているところに、あなたが見えたのよ」。）

- 13 -

コラム──ことわざ、四字熟語、しゃれ言葉

　日本語の慣用表現には、ことわざ、四字熟語、しゃれ言葉などがある。中国語でこれに当たるのが**谚语** yànyǔ（古くから伝わる言葉）、**成语** chéngyǔ（四字熟語）、**歇后语** xiēhòuyǔ（しゃれ言葉）である。いずれも盛んに使われる。

　谚语は、**俗语** súyǔ、**俗话** súhuà（いずれも、庶民の言葉）、**常言** chángyán（常日頃言い習わした言葉）、**老话** lǎohuà（昔ながらの言い回し）などとも呼ばれる。これらの語は、自分の意見をうまくまとめ、相手の心に響く表現として使われることが多い。例えば、「**有句老话说，人心齐，泰山移**」Yǒu jù lǎohuà shuō, rénxīn qí, Tài shān yí（こんなことわざがある。心を一つにすれば泰山だって動かせる）などと使えば、皆で頑張って大変な仕事を成し遂げようという心意気を伝えることができる。

　使用頻度からいえば、最も多いのは**成语**である。成语は古典の中の故事とともに覚えることが多いので、教養のほどを示すことにもなる。例えば「**杯弓蛇影**」Bēi gōng shé yǐng（出典『晋書』）と聞いただけで、ありもしない影におびえる人の面影が浮かんでくる。

　歇后语は、笑いをとる効果を考えて使われることが多い。前後二句から成り、前が謎かけ、後が答えとなる。通常前句だけ言って、後句を思いつかせるので、後を歇く語という。例えば、サッカーの試合が全敗したなどというとき、「**孔夫子搬家──尽是书（＝输）**」Kǒng fūzǐ bān jiā ── jìn shì shū（＝shū）孔子様の引っ越し──本ばかり（＝負けてばかり）だ、などと使う。

　＊书（＝書）は本。输（＝輸）は負ける。

　慣用表現は、短い言葉で人を奮い立たせたり笑わせたりして暮らしを豊かにする。これらを使いこなす能力は、中国の人々の暮らしの中の、必須のアイテムといえるだろう。

第2章

口は刀でも心は豆腐

〔13〕刀子嘴，豆腐心

Dāozi zuǐ, dòufu xīn

口は刀でも心は豆腐

【意味】 ナイフのように鋭い言葉。豆腐のように柔らかい心。言葉はきついが、心根は優しい。

【用法】 きついことを言う人（男女とも使うが、多くは女性）について、悪い人ではない、心根は優しい、とかばうときに使う。また、きついことをいってしまった本人が、相手に謝るときに使う。

【ポイント】「刀子」はナイフ、小刀。「嘴」は口。「刀子嘴」は言葉がナイフのように鋭くきつい。

【用例1】"爸爸，妈妈说话太厉害了，让人受不了。""你妈妈是刀子嘴，豆腐心。为你好呀！" "Bàba, māma shuō huà tài lìhai le, ràng rén shòubuliǎo." "Nǐ māma shì dāozi zuǐ, dòufu xīn. Wèi nǐ hǎo ya！"（「父さん、母さんの言い方はきつすぎるよ。耐えられないよ」。「母さんは口は刀でも心は豆腐なんだ。お前のために良かれと思って言っているんだよ！」）

【用例2】"昨天聚餐我迟到了，林姐说：'摆什么架子，这么晚就别来了！'""你别往心里去，林姐是刀子嘴，豆腐心。" "Zuótiān jù cān wǒ chídào le, Lín jiě shuō：'Bǎi shénme jiàzi, zhème wǎn jiù bié lái le!'" "Nǐ bié wǎng xīnli qù, Lín jiě shì dāozi zuǐ, dòufu xīn."（「昨日の会食に遅れたら、林さんが『何偉ぶってるのさ。こんなに遅くなるなら来ないでよ』って言ったの」。「気にすることないわ。林さんは口は刀でも心は豆腐だから」。）

【用例3】"对不起，我说重了。你知道，我是刀子嘴，豆腐心。" "Duìbuqǐ, wǒ shuōzhòng le. Nǐ zhīdào, wǒ shì dāozi zuǐ, dòufu xīn."（「ごめんね、言いすぎてしまって。知ってるよね、わたしは口は刀でも心は豆腐なんだ」。）

第2章　口は刀でも心は豆腐

〔14〕男大当婚，女大当嫁
Nán dà dāng hūn, nǚ dà dāng jià

娶り嫁いで一人前

【意味】 男は年頃になったら娶り、女は年頃になったら嫁ぐべきだ。人は結婚して初めて一人前の大人と認められる。

【用法】 適齢期の男女、或いは、すでに適齢期を過ぎた男女に結婚を勧めるときに使う。

【ポイント】 「当〜」は当然〜すべき。「婚」は娶る。「嫁」は嫁ぐ。

【参考】 中国の男性は、長期的に結婚難だと言われる。原因としては伝統的な男尊女卑の価値観により女性の人口が少ないこと、住居費の高さ（結婚の際、新居は男性側が用意する習慣がある）などが挙げられる。

【用例1】 "俊熙，你今年已经三十了，男大当婚，女大当嫁，你也该找个对象了。""妈，房价那么高，怎么结婚啊！" "Jùnxī, nǐ jīnnián yǐjīng sānshí le, nán dà dāng hūn, nǚ dà dāng jià, nǐ yě gāi zhǎo ge duìxiàng le." "Mā, fángjià nàme gāo, zěnme jié hūn a!" （「俊熙、お前は今年もう三十だ。娶り嫁いで一人前というじゃないか。相手をさがさなければね」。「母さん、住宅価格があんなに高いのに、どうやって結婚しろというんだよ！」）

【用例2】 "妈，我还不想结婚。领导说，我完成了那个项目以后就能升职。所以我想专心工作。""梦霏，工作重要，婚姻也重要。你都三十了，男大当婚，女大当嫁，你别让妈再担心了。" "Mā, wǒ hái bù xiǎng jié hūn. Lǐngdǎo shuō, wǒ wánchéngle nà ge xiàngmù yǐhòu jiù néng shēng zhí. Suǒyǐ wǒ xiǎng zhuānxīn gōngzuò." "Mèngfēi, gōngzuò zhòngyào, hūnyīn yě zhòngyào. Nǐ dōu sānshí le, nán dà dāng hūn, nǚ dà dāng jià, nǐ bié ràng mā zài dānxīn le." （「母さん、まだ結婚したくないわ。上の人はわたしがあのプロジェクトをやり遂げたら昇進できるというの。だから仕事に専念したいの」。「夢霏、仕事は大事だけど結婚も大事でしょ。お前はもう三十なのだよ。娶り嫁いで一人前。母さんにこれ以上心配をかけないでおくれ」。）

- 17 -

〔15〕女大十八変

Nǚ dà shíbā biàn

娘時代は十八変化

【意味】 娘は成長するにつれ、十八回変わる。女性は少女から若い女に成長する過程で、容姿や性格が何度も変化する。その変化は驚くほど大きい。鬼も十八番茶も出花。

【用法】 少女が大人になるとき容姿が大きく変わる。少女が成長してとても美しい女性になっているのを見たとき、「大きくなった」「きれいになった」などと感嘆して使う。反対に、少女時代に可愛らしかった容姿が成長期にアンバランスになったり、明るかった性格が暗くなったりすることもある。そのような娘を形容するときにも使う。二句目に「越変越好看」yuè biàn yuè hǎokàn（どんどん美人になってゆく）などを加えることがある。

【ポイント】「大」は成長する。「十八変」（＝十八変）は十八回変わる。どんどん変化する。

【用例 1】 我女儿小时候又黑又难看，女大十八变，长大了变漂亮了。

Wǒ nǚ'ér xiǎo shíhou yòu hēi yòu nánkàn, nǚ dà shíbā biàn, zhǎngdà le biàn piàoliang le. （うちの娘は小さい頃は色黒で不細工だったけれど、娘時代は十八変化で、大きくなったらきれいになった。）

【用例 2】"她以前是童星，很有人气的。长大了，就没那么可爱了。""她性格也变了，不太好相处。女大十八变呀！" "Tā yǐqián shì tóngxīng, hěn yǒu rénqì de. Zhǎngdà le, jiù méi nàme kě'ài le." "Tā xìnggé yě biàn le, bú tài hǎo xiāngchǔ. Nǚ dà shíbā biàn ya! " （「彼女は以前子役でとても人気があった。でも、大きくなったら前ほどかわいくなくなった」。「彼女は性格も変わって付き合いにくくなった。娘時代は十八変化だね!」）

第2章　口は刀でも心は豆腐

〔16〕癞蛤蟆想吃天鹅肉
Làiháma xiǎng chī tiān'é ròu

ガマが鳥をねらう

【意味】ガマガエルが白鳥の肉を食べようとねらう。冴えない男性が高嶺の花の女性に思いを寄せても、成就するのは難しい。

【用法】高嶺の花の女性に思いを寄せる男性や現実離れした望みを持つ人を諫めるときに使う。「癞蛤蟆伸长脖子想吞月亮」Làiháma shēncháng bózi xiǎng tūn yuèliang（ガマガエルが首を伸ばしてお月さまを飲み込みたがっている＝ガマが月をねらう）などとも言う。

【ポイント】「癞蛤蟆」（＝癞蛤蟇）はガマガエル。肌にイボがある。「天鹅」（＝天鵝）は白鳥。「想」は～したい。「吃」（＝喫）は食べる。

【用例1】"你说，我是直接告诉她我喜欢她好呢，还是写情书给她好呢？" "你呀！她是我们的校花，你简直是癞蛤蟆想吃天鹅肉。" "Nǐ shuō, wǒ shì zhíjiē gàosu tā wǒ xǐhuān tā hǎo ne, háishi xiě qíngshū gěi tā hǎo ne?" "Nǐ ya! Tā shì wǒmen de xiàohuā, nǐ jiǎnzhí shì làiháma xiǎng chī tiān'é ròu."（「彼女に直接告白した方がいいかな、それともラブレターを書いた方がいいかな、お前どう思う？」「お前な！彼女はミス・キャンパスなんだぞ。ガマが鳥をねらうという奴だな」。）

【用例2】"你看我拍的这张照片，如果报名参加摄影大赛，说不定会获奖呢！""别太自信，这张照片构图并不好。你这叫癞蛤蟆想吃天鹅肉。" "Nǐ kàn wǒ pāi de zhè zhāng zhàopiàn, rúguǒ bào míng cānjiā shèyǐng dàsài, shuōbudìng huì huò jiǎng ne !" "Bié tài zìxìn, zhè zhāng zhàopiàn gòutú bìng bu hǎo. Nǐ zhè jiào làiháma xiǎng chī tiān'é ròu."（「俺が写したこの写真を見ろ。写真コンテストに応募したら入賞しないとも限らないな！」「自信過剰なんだよ。この写真は構図が全然なってないじゃないか。お前みたいなのをガマが鳥をねらうというんだよ」。）

- 19 -

〔17〕情人眼里出西施

Qíngrén yǎnli chū Xīshī

惚れた目で見りゃ醜女も西施

【意味】恋人の目からは、西施のような美人が現れる。たとえ相手が不美人でも、好きになってしまえば西施のような美人に見える。あばたもえくぼ。惚れた欲目。

【用法】恋のため盲目になっている男を冷やかすときに使う。また、ひいきが過ぎて対象に入れ込みすぎている人を批評するときにも使う。

【ポイント】「出西施」は西施その人が出て来るわけではなく、「西施のような美人」が出て来る意。

【参考】「西施」は春秋時代、越王勾践が敵国の呉王夫差を骨抜きにするために与えた美女。勾践は臥薪嘗胆のすえ、夫差を倒す。中国には四大美人や十大美人といった歴代の美人番付があり、西施は常に筆頭に置かれている。

【用例1】"王子轩总是说他的女朋友很美。""我觉得他女朋友长得一般，他是情人眼里出西施吧？""Wáng Zǐxuān zǒng shì shuō tā de nǚ péngyou hěn měi." "Wǒ juéde tā nǚ péngyou zhǎng de yìbān, tā shì qíngrén yǎnli chū Xīshī ba?"（「王子軒は、いつも恋人がすごく美人だといっているよ」。「彼女の容姿はごく普通だと思う。惚れた目で見りゃ醜女も西施なんじゃないの？」）

【用例2】王子轩："俊熙，我要结婚了，白云是我理想的准新娘。"孙俊熙："啊？你上个月才认识白云，你是情人眼里出西施吧！" Wáng Zǐxuān : "Jùnxī, wǒ yào jié hūn le, Bái Yún shì wǒ lǐxiǎng de zhǔn xīnniáng." Sūn Jùnxī : "Á? Nǐ shàng ge yuè cái rènshi Bái Yún, nǐ shì qíngrén yǎnli chū Xīshī ba!"（王子軒「俊熙、俺結婚するよ。白雲は俺の理想のフィアンセだ」。孫俊熙「ええっ？お前は先月白雲と知り合いになったばかりだろう。惚れた目で見りゃ醜女も西施なんじゃないの！」）

第2章　口は刀でも心は豆腐

〔18〕 老婆是別人的好，孩子是自己的好
Lǎopó shì biérén de hǎo, háizi shì zìjǐ de hǎo

女房は他人のが良く、子どもは自分のが良い

【意味】 女房は自分のより他人のの方がよく見えるが、子どもは不細工
で出来が悪くても自分のが一番かわいい。

【用法】 決まった用法はなく、場に応じて臨機応変に使われる。ユーモ
ラスな表現なので、これを使うと場がなごむ。二句はそれぞれ単独
で使われることが多い。語句もしばしば入れ替わる。例えば、一句
目の「老婆」は、女性が使うときは「老公」（夫）に替わったりする。
二句目の「孩子」も同様で、例えば【用例1】のように、文筆に関係
ある人であると「文章」に替わったりする。

【ポイント】「老婆」は女房。「好」は良い。「別人」は他人。

【参考】 男性にとって妻はしょせん他人であり、自分の血を分けた子ど
もの方が重要だという伝統的観念がある。

【用例1】作家的新婚妻子："文章是自己的好，老婆是別人的好。老公，
你怎么对朱薇薇那么好？" 作家："白雪，她是我的小学同学，也是青
梅竹马呀！" Zuòjiā de xīnhūn qīzi："Wénzhāng shì zìjǐ de hǎo, lǎopó shì
biérén de hǎo. Lǎogōng, nǐ zěnme duì Zhū Wēiwei nàme hǎo?"
Zuòjiā："Bái Xuě, tā shì wǒ de xiǎoxué tóngxué, yě shì qīngméi zhúmǎ ya!"
（作家の新妻「文章は自分のが良く、女房は他人のが良い。なんで朱薇薇に
あんなに親切なの？」作家「白雪、彼女は小学校のクラスメートで、幼馴染
でもあるんだよ！」）

【用例2】"哥哥的女儿长得很丑，也不太聪明，但是哥哥很疼爱她。" "孩
子是自己的好嘛！" "Gēge de nǚ'ér zhǎng de hěn chǒu, yě bú tài cōngmíng,
dànshì gēge hěn téng'ài tā." "Háizi shì zìjǐ de hǎo ma!"（「兄の娘は不細工
で、あまり賢くもないのだけれど、兄はすごく可愛がっているよ」。「子ども
は自分のが一番なんだよ！」）

- 21 -

〔19〕家家都有本难念的经

Jiā jiā dōu yǒu běn nán niàn de jīng

悩みのない家はない

【意味】 どこの家にも、一冊ぐらいはすらすらとなえるのが難しいお経
がある。どの家でも、たやすくは解決できない悩みの一つは抱えて
いるものだ。

【用法】 家庭内に難しい事情があって大変だと話すときに使う。また、
相手から家の悩みを打ち明けられた際、結局どこも同じだと慰める
ときに使う。

【ポイント】「家家」はすべての家。「本」は書物を数える数量詞。「一本」
は一冊。「一」は省略されている。「念」は声に出して読む。となえ
る。どこの家にもお経の一冊ぐらいはある。ありふれたものなのに、
すらすらととなえるのは難しい。どこの家にもある解決不能の悩み
を、お経に例えている。「家家都有难唱曲」Jiā jiā dōu yǒu nán chàng
qǔ（どの家にも歌えぬ歌がある）などともいう。

【用例1】"邻居老刘家夫妻感情不和，老丁家儿子是个家里蹲，两家家
里都经常争争吵吵的。""家家都有本难念的经呀！" "Línjū Lǎo Liú jiā
fūqī gǎnqíng bù hé, Lǎo Dīng jiā érzi shì ge jiālidūn, liǎng jiā jiāli dōu
jīngcháng zhēngzhēng chǎochǎo de." "Jiā jiā dōu yǒu běn nán niàn de jīng
ya!"（「近所で劉さんの家は夫婦仲が悪いし、丁さんの家は息子が引き籠っ
ていて、両家は家うちでしょっちゅう怒鳴り合いの喧嘩をしている」。「悩み
のない家はないだね！」）

【用例2】"小琳，我婆婆年老多病，照顾她很累。""你很辛苦，可是家
家都有本难念的经，我家也有难处的。" "Xiǎolín, wǒ pópo nián lǎo duō
bìng, zhàogu tā hěn lèi." "Nǐ hěn xīnkǔ, kěshi jiā jiā dōu yǒu běn nán niàn
de jīng, wǒ jiā yě yǒu nánchu de."（「小琳、うちの姑は高齢で病気がちだ
からお世話が疲れてね」。「大変だねえ。でも悩みのない家はないというでし
ょ。うちにも困りごとはあるよ」。）

- 22 -

第2章　口は刀でも心は豆腐

〔20〕清官难断家务事
Qīngguān nán duàn jiāwù shì

判官も家は裁けぬ

【意味】　どんな名裁判官も、家の中のもめ事についてだけは適切な裁
　　きを下すのは難しい。

【用法】　他家のもめ事に口を出すべきではない、と忠告するときに使う。

【ポイント】「清官」は清廉潔白で有能な役人。わいろを受け取らず、公
　　正な裁きをする。「难断」（＝難断）は裁くことができない。「家务事」
　　（＝家務事）はここでは、家庭内のもめごと。

【用例 1】"闺蜜小琳经常告诉我她丈夫对她冷暴力，我非常同情她，想
　　劝她离婚。""清官难断家务事，夫妻之间的事情旁人不插嘴为好。"
　　　"Guīmì Xiǎolín jīngcháng gàosu wǒ tā zhàngfu duì tā lěng bàolì, wǒ
　　fēicháng tóngqíng tā, xiǎng quàn tā lí hūn." "Qīngguān nán duàn jiāwù
　　shì, fūqī zhī jiān de shìqing pángrén bù chā zuǐ wéi hǎo."（「親友の小琳が
　　しょっちゅう旦那さんのモラハラを訴えてくるの。わたしはすごく同情し
　　ていて、彼女に離婚を勧めようと思うのだけれど」。「判官も家は裁けぬだ
　　よ。夫婦間の事には、はたの者が口をはさまない方がいいよ」。）

【用例 2】张大妈："我老伴儿去世了，几个孩子为分遗产而吵架，您是
　　居委会主任，来调节一下。"赵主任："清官难断家务事，我怎么分配
　　得了您家的遗产呢？"Zhāng dàmā: "Wǒ lǎobànr qùshì le, jǐ ge háizi wèi
　　fēn yíchǎn ér chǎo jià, nín shì jūwěihuì zhǔrèn, lái tiáojié yí xià."　Zhào
　　zhǔrèn : "Qīngguān nán duàn jiāwù shì, wǒ zěnme fēnpèideliǎo nín jiā de
　　yíchǎn ne?"（張さん「連れ合いが亡くなって、子どもたちが遺産分割で喧
　　嘩をしているのだけど、あなたは居民委員会の会長さんだ。仲裁してもらえ
　　ないかね」。趙主任「判官も家は裁けぬという。わたしがお宅の遺産分割な
　　んてできるわけがないでしょう？」）

- 23 -

〔21〕家丑不可外扬
Jiāchǒu bùkě wàiyáng

家の恥は外へさらすな

【意味】 家の中で起こった不名誉な出来事はよそで吹聴するな。

【用法】 内輪の恥を外に漏らすなと戒めるとき使う。家の恥を外に漏らしたくない、というときにも使う。国際関係でも使う。例えば、事故、天災などの事件を国外のメディアが取材したときなどに、中国の庶民やメディアがこのことわざを使って不快感を示すことがある。

【ポイント】「家丑」(＝家醜)は家庭内の不体裁な出来事。スキャンダル。「不可〜」は〜してはならない。「扬」(＝揚)は宣伝して広く知らせる。吹聴する。

【用例1】 汪学农："唉！儿子打伤人了，要负刑事责任的。"陈雪梅："老公啊，家丑不可外扬，别说出去呀！" Wāng Xuénóng: "Āi! Érzi dǎshāng rén le, yào fù xíngshì zérèn de." Chén Xuěméi:"Lǎogōng a, jiāchǒu bùkě wàiyáng, bié shuōchūqu ya!"（汪学農「ああっ！ 息子が人をなぐってけがをさせたなんて。刑事責任を負うことになるな」。陳雪梅「あなた、家の恥は外へさらすなだわ。外で言わないようにね！」）

【用例2】 熟悉的医生："小徐，你这伤不像摔伤的，是不是被丈夫打的？"徐小琳："家丑不可外扬，不敢说。" 医生："这不是什么家丑，是家庭暴力，犯法呀！"　Shúxi de yīshēng: "Xiǎo Xú, nǐ zhè shāng bú xiàng shuāishāng de, shì bu shì bèi zhàngfu dǎ de?" Xú Xiǎolín:"Jiāchǒu bùkě wàiyáng, bù gǎn shuō." Yīshēng: "Zhè bú shì shénme jiāchǒu, shì jiātíng bàolì, fàn fǎ ya！"（親しい医者「徐さん、あなたのけがは転んでできたようには見えない。旦那さんに殴られたのではないですか？」 徐小琳「家の恥は外へさらすなといいます。話せません」。医者「これは家の恥なんかじゃありません。家庭内暴力であり、違法なんです！」）

- 24 -

第2章　口は刀でも心は豆腐

〔22〕儿行千里母担忧，母行千里儿不愁
Ér xíng qiān lǐ mǔ dānyōu, mǔ xíng qiān lǐ ér bù chóu

遠い子に母は胸ふたぎ、よし母遠くとも子は憂えず

【意味】子が遠方に行くと母親は心配する。反対に、母が遠方に行って
も子は案じたりしない。母親の子どもに対する愛は、母親に対す
る子どもの愛に勝る。

【用法】親許を離れている子どもに対して、母親は子どものことをいつ
も気にかけているのだから、その気持ちを理解してまめに連絡し、
安心させるようにしなさいと諭すとき使う。一句目だけで使うこと
が多い。

【ポイント】「儿行千里」（＝児行千里）は子どもが千里の遠方に旅立つ。
「千里」はとても遠い距離。「担忧」（＝担憂）は心配する、懸念する。

【用例1】"老婆，我都三十了，妈送我到机场，还唠唠叨叨地嘱咐我。"
"震华，儿行千里母担忧，母行千里儿不愁呀！快给你妈打电话报个
平安吧！" "Lǎopó, wǒ dōu sānshí le, mā sòng wǒ dào jīchǎng, hái
láoláodāodāo de zhǔfù wǒ." "Zhènhuá, ér xíng qiān lǐ mǔ dānyōu, mǔ
xíng qiān lǐ ér bù chóu ya! Kuài gěi nǐ mā dǎ diànhuà bào ge píng'ān
ba!"（「君さ、俺はもう三十なのに、母さんは空港まで送ってきて、その
上ああしなさい、こうしなさいといい聞かせるんだ」。「震華、遠い子に母
は胸ふたぎ、よし母遠くとも子は憂えずだわ！　早く、無事に着いたとお母
さんに電話しなさいよ！」）

【用例2】"我在日本，母亲天天跟我通微信。" "梓涵，儿行千里母担
忧，不管走到哪里，母亲总是挂念着孩子的。" "Wǒ zài Rìběn, mǔqin
tiāntiān gēn wǒ tōng Wēixìn." "Zǐhán, ér xíng qiān lǐ mǔ dānyōu, bùguǎn
zǒudào nǎli, mǔqin zǒng shì guàniànzhe háizi de."（「わたしが日本にいる
ので、母さんは毎日毎日微信〔ウィーチャット〕で連絡してくるわ」。「梓涵、
遠い子に母は胸ふたぐだね。どこに行っても母親はいつも子どものことを
気にかけているんだ」。）

〔23〕路遥知马力，日久见人心

Lù yáo zhī mǎlì, rì jiǔ jiàn rénxīn

遠乗りをして馬の脚を知り、日を重ねて人の心を知る

【意味】 道のりが遠いと馬の脚力がわかり、つきあいが長くなると人の心底が見えて来る。長くつきあえば、人柄の良し悪しは自然に知れて来るものだ。

【用法】 長いつきあいの末、人の人柄や心の奥底を知った、というときに使う。人柄の良さを褒めるときにも、人柄の悪さに失望して怒ったり歎いたりするときにも使う。

【ポイント】「遥」は遠い。「马力」（＝馬力）は馬の体力、脚力。「日」は日数。「见」（＝見）は表に現れる。

【用例1】 陆涛："跟小赵认识两年了，刚开始对他印象不怎么样，渐渐地觉得他是可以信赖的人。"楚晨："路遥知马力，日久见人心嘛！" Lù Tāo : "Gēn Xiǎo Zhào rènshi liǎng nián le, gāng kāishǐ duì tā yìnxiàng bù zěnmeyàng, jiànjiàn de juéde tā shì kěyǐ xìnlài de rén." Chǔ Chén : "Lù yáo zhī mǎlì, rì jiǔ jiàn rénxīn ma!"（陸濤「趙君と知り合って二年になる。最初のうち、彼の印象はさほどいいわけではなかったけれど、だんだんととても信頼できる人だと思うようになった」。楚晨「遠乗りをして馬の脚を知り、日を重ねて人の心を知るだね！」）

【用例2】 "路遥知马力，日久见人心。小华，今天我终于看清了你的真面目，以后我们不要再来往了。" "Lù yáo zhī mǎlì, rì jiǔ jiàn rénxīn. Xiǎo Huà, jīntiān wǒ zhōngyú kànqīngle nǐ de zhēnmiànmù, yǐhòu wǒmen búyào zài láiwǎng le."（遠乗りをして馬の脚を知り、日を重ねて人の心を知る。華さん、今日という今日は、わたしはついにあなたがどういう人なのかはっきりわかった。これからは二度と関わらないようにしましょう。）

第2章　口は刀でも心は豆腐

〔24〕酒逢知己千杯少，话不投机半句多
Jiǔ féng zhījǐ qiān bēi shǎo, huà bù tóujī bàn jù duō

気が合えば酒はうまし、合わねば言葉もむなし

【意味】友と飲む酒は千杯でも足りず、うまが合わぬ人との話は半言でも多い。気の合う友と飲む酒はうまく、うまの合わぬ人との話はつまらない。

【用法】酒席で親しい友人と酒を酌み交わすときに使う。二句とも使うときもあれば、一句目だけのこともある。また、人と話が合わないことを形容するときには、二句目だけを使う。

【ポイント】「投机」（＝投機）は話が合う。うまが合う。「半句」は一文の半分。わずかな言葉。

【用例1】"大哥，酒逢知己千杯少，话不投机半句多，咱们今晚喝个痛快！""好，干杯！"　"Dàgē, jiǔ féng zhījǐ qiān bēi shǎo, huà bù tóujī bàn jù duō, zánmen jīnwǎn hē ge tòngkuài!" "Hǎo, gān bēi!"（「兄貴、気が合えば酒はうまし、合わねば言葉もむなし。今晩はとことん飲もう！」「よし、乾杯！」）

【用例2】"小徐，婚姻介绍所给你介绍的那位怎么样了？""我跟他话不投机半句多。早就不交往了。"　"Xiǎo Xú, hūnyīn jièshàosuǒ gěi nǐ jièshào de nà wèi zěnmeyàng le?" "Wǒ gēn tā huà bù tóujī bàn jù duō. Zǎo jiù bù jiāowǎng le."（「徐さん、結婚紹介所が紹介してくれたあの方とはどうなった？」「彼とは合わねば言葉もむなしよ。とっくにお付き合いをやめたわ」）

- 27 -

〔25〕在家靠父母，出外靠朋友
Zài jiā kào fùmǔ, chūwài kào péngyou

家では父母、外では友が頼り

【意味】家では父母が頼り。世間に出れば友が頼り。家を離れて一歩世間に出たら、頼りになるのは友だけだ。

【用法】子ども（同僚、友人など）に対し、家（職場、地元など）を離れて世間に出たら、行った先で周囲の人たちと良い関係を築くよう勧めるときに使う。

【ポイント】「在家」は家では。家にあっては。「靠」は頼る。「出外」は家を離れて外に出る。世間に出る。「朋友」は友人。父母と並べることによって、友人の大切さを強調している。社会に出たら人間関係を築くことが大切だ。

【用例1】妈妈对我说："你明天去日本留学，到了那里要多交好朋友。俗话说:'在家靠父母，出外靠朋友。'" Māma duì wǒ shuō:"Nǐ míngtiān qù Rìběn liú xué, dàole nàli yào duō jiāo hǎo péngyou. Súhuà shuō: 'Zài jiā kào fùmǔ, chūwài kào péngyou.'"（母がわたしにいった。「お前は明日、日本に留学するけれど、向こうに着いたらたくさん良い友だちを作るのだよ。ことわざにも家では父母、外では友が頼りというからね」。）

【用例2】"小宋，欢迎你加入同乡会，你对大家说几句吧。""大家好！我刚刚到这里，俗话说:'在家靠父母，出外靠朋友。'今后请各位老乡多指教，多帮忙。" "Xiǎo Sòng, huānyíng nǐ jiārù tóngxiāng huì, nǐ duì dàjiā shuō jǐ jù ba." "Dàjiā hǎo! Wǒ gānggāng dào zhèli, súhuà shuō: 'Zài jiā kào fùmǔ, chūwài kào péngyou.' Jīnhòu qǐng gè wèi lǎoxiāng duō zhǐjiào,duō bāng máng."（「宋さん、ようこそ同郷会へ入会されました。皆さんに一言お言葉をお願いします」。「皆様こんにちは！私はここに着いたばかりです。ことわざにも家では父母、外では友が頼りといいます。今後、同郷の皆様に格別のご指導ご援助を賜りますようお願い致します」。）

第2章　口は刀でも心は豆腐

〔26〕不打不成交
Bù dǎ bù chéng jiāo

喧嘩してこそ友

【意味】喧嘩をしなければ、友だちにはなれない。喧嘩をしなければ人との関係は良好に見えるが、実はお互いの考えがわかっていないだけなのかもしれない。喧嘩もコミュニケーションの一種ではある。言いたいことを言い合うことで相互理解が深まり、初めて真の友になれる。雨降って地固まる。

【用法】人が争いを経たのち、かえって仲良くなったときに使う。人以外でも動物同士、国際関係など広く使う。

【ポイント】「打」は喧嘩する。「成交」は友だちになる。

【用例1】"听说，陆涛刚来公司时，跟你大吵了一架。""是的，后来我跟他交流了几次，竟然成了好朋友了。这叫不打不成交。" "Tīng shuō, Lù Tāo gāng lái gōngsī shí, gēn nǐ dà chǎole yí jià." "Shì de, hòulái wǒ gēn tā jiāoliúle jǐ cì, jìngrán chéngle hǎo péngyou le. Zhè jiào bù dǎ bù chéng jiāo."（「陸濤が会社に来たばかりのとき、君と大喧嘩をしたそうですね」。「そうです。その後幾度か意見交換したら、思いがけずいい友だちになりました。喧嘩してこそ友とはこのことです」。）

【用例2】"你家养狗又养猫，和睦相处吗？""一开始很吵，但过了一段时间都感到对方没有恶意，就和睦了。真是不打不成交呀！" "Nǐ jiā yǎng gǒu yòu yǎng māo, hémù xiāngchǔ ma?" "Yì kāishǐ hěn chǎo, dàn guòle yí duàn shíjiān dōu gǎndào duìfāng méi yǒu èyì, jiù hémù le. Zhēnshi bù dǎ bù chéng jiāo ya!"（「お宅では犬を飼ってる上に猫もいるけど、仲良くしているの？」「最初のうちは喧嘩をしていたけれど、しばらく経ってお互い悪意がないのがわかったら仲良くなったよ。まさに喧嘩してこそ友だね！」）

- 29 -

〔27〕 多一个朋友多一条路，多一个仇人多一堵墙
Duō yí ge péngyou duō yì tiáo lù, duō yí ge chóurén duō yì dǔ qiáng

友あれば道開け、敵あれば壁生ず

【意味】 友が一人増えると道が一本多く開け、敵が一人増えると壁が一枚増えて道が一本ふさがる。友は多いほど良く、敵は少ないほど良い。

【用法】 なるべく友を増やし、敵を作らぬよう勧めるとき使う。

【ポイント】「多～多…」は～だけ増えると、…だけ増す。例えば「多一个人，多一份力量」（人が一人増えれば、一人分の力が増す）。「一个朋友」（＝一箇朋友）は一人の友。「条」は「路」の数量詞。「一条路」は一本の道。「仇人」は敵。「堵」は「墙」の数量詞。「一堵墙」は一つの壁、塀。

【用例1】"徐小琳很自私，我不想跟她再交往了。""小华，多一个朋友多一条路，多一个仇人多一堵墙，别为小事伤了和气。"Xú Xiǎolín hěn zìsī, wǒ bù xiǎng gēn tā zài jiāowǎng le." "Xiǎo Huà, duō yí ge péngy u duō yì tiáo lù, duō yí ge chóurén duō yì dǔ qiáng, bié wèi xiǎoshì shāngle héqì."（「徐小琳は自分勝手だからもうこれ以上彼女とつきあいたくないわ」。「華さん、友あれば道開け、敵あれば壁生ずというでしょ。些細なことで気まずくならないほうがいいよ」。）

【用例2】"大哥，您江湖资深，有没有对头？""常言道：'多一个朋友多一条路，多一个仇人多一堵墙.' 我不太斤斤计较，又经常帮助人，现在几乎没有对头。"Dàgē, nín jiānghú zīshēn, yǒu méi yǒu duìtou?" "Chángyán dào：'Duō yí ge péngyou duō yì tiáo lù, duō yí ge chóurén duō yì dǔ qiáng'. Wǒ bú tài jīnjīn jìjiào, yòu jīngcháng bāngzhù rén, xiànzài jīhū méi yǒu duìtou."「兄貴、兄貴は長く世渡りしてきたが、敵はいないのか？」「ことわざにも友あれば道開け、敵あれば壁生ずというだろ。俺はちっぽけな利害得失にはさほどこだわらず、いつも人助けをしてきたから、今ではほとんど敵はいないな」。）

第2章　口は刀でも心は豆腐

〔28〕老乡见老乡，两眼泪汪汪
Lǎoxiāng jiàn lǎoxiāng, liǎng yǎn lèiwāngwāng

故郷の人に行き合えば涙あふれて止まず

【意味】　他郷で故郷の人と行き合うと、懐かしさのあまり目は涙でいっぱいになる。他郷で同郷人同士が出会うと言い知れぬ親しみを感じる。

【用法】　他郷で同じ国なまりの同郷人に出会い、言い知れぬ親しみを感じたときに使う。

【ポイント】「老乡」（＝老郷）は同郷人。同じ地方出身で同じなまりの言葉を話す人と他郷で出会ったとき、互いを「老乡」という。「见」（＝見）は顔を合わせる。「泪汪汪」（＝涙汪汪）は目が涙でいっぱいになる。

【参考】方言差の大きい中国ならではのことわざ。コラム「お国訛りのことわざ」（40頁）参照。

【用例1】"昨天一个老乡来到我家，聊了很多家乡的事，十分感慨！""这叫老乡见老乡，两眼泪汪汪。"Zuótiān yí ge lǎoxiāng láidào wǒ jiā, liáole hěn duō jiāxiāng de shì, shífēn gǎnkǎi! "Zhè jiào lǎoxiāng jiàn lǎoxiāng, liǎng yǎn lèiwāngwāng."（「昨日、うちに一人郷里の人が来たのですが、ふる里の話をたくさんして感慨無量でした」。「故郷の人に行き合えば涙あふれて止まずとはこのことですね」。）

【用例2】"您是温州泰顺人吧？　刚才听您口音，我很激动！""原来您是同乡，真是老乡见老乡，两眼泪汪汪。"Nín shì Wēnzhōu Tàishùn rén ba? Gāngcái tīng nín kǒuyīn, wǒ hěn jīdòng！"Yuánlái nín shì tóngxiāng, zhēnshi lǎoxiāng jiàn lǎoxiāng, liǎng yǎn lèiwāngwāng."（「温州泰順の方でしょう？　今あなたの話す声を聞いて胸がどきどきしたわ」。「同郷の方でしたか。まさに故郷の人に行き合えば涙あふれて止まずですね」。）

- 31 -

〔29〕遠親不如近隣
Yuǎnqīn bùrú jìnlín

遠い親戚より近くの他人

【意味】 いざというとき頼りになるのは遠方の親戚ではなく、隣近所の
人たちだ。

【用法】 何か困ったことが持ち上がったとき頼りになるのは近所の人
たちなのだから、大切にして仲良く付き合った方がいい、と勧める
ときに使う。

【ポイント】「远亲」（＝遠親）はここでは遠い所に住む血縁者。「不如」は
及ばない。「近邻」（＝近隣）は隣近所の住民。

【参考】 近所づきあいは日本より重視される。コラム「隣り近所のこと
わざ」（58頁）参照。

【用例1】一个月前，我的脚扭伤不能走路了，邻居赵大妈经常给我送来
吃的，真是远亲不如近邻，太感谢她了！　Yí ge yuè qián, wǒ de jiǎo
niǔshāng bù néng zǒu lù le, línjū Zhào dàmā jīngcháng gěi wǒ sònglái chī
de, zhēnshi yuǎnqīn bùrú jìnlín, tài gǎnxiè tā le!（一か月前、足首をねん
ざして歩けなくなったら、近所の趙さんがしょっちゅう食べ物を届けてく
れた。まったく遠い親戚より近くの他人で、趙さんには本当に感謝しかな
い！）

【用例2】"奶奶，我要去上海工作生活了。" "好，你搬到新家以后，要
先拜访邻居，远亲不如近邻，搞好邻居关系很重要。" "Nǎinai, wǒ yào
qù Shànghǎi gōngzuò shēnghuó le." "Hǎo, nǐ bāndào xīnjiā yǐhòu, yào xiān
bàifǎng línjū, yuǎnqīn bùrú jìnlín, gǎohǎo línjū guānxì hěn zhòngyào."
（「お祖母ちゃん、仕事で上海に住むことになったよ」。「そうかい。新居に行
ったらまず近所まわりをしなさい。遠い親戚より近くの他人で、ご近所と仲
良くやっていくのは大事なことだよ」。）

第2章　口は刀でも心は豆腐

〔30〕恨铁不成钢
Hèn tiě bù chéng gāng

口惜しや、なんで鋼に成りきれぬ

【意味】　鉄が鋼に化けないのを悔しがる。対象がより良く強くなること
　　を願っているのに、期待どおりに伸びないのが悔しい。

【用法】　人（或いは団体）に対する批評に用い、じれったい思いを伝え
　　る。あくまで良かれと思って使うので、悪意はない。

【ポイント】「恨」は心から恨めしく思う。たやすくは消えぬ恨み。「钢」
　　（＝鋼）は熱処理した鋼鉄。鋼は鉄より硬く、強い。対象が鋼のよう
　　に強くなってほしいのに、期待通りにならないことを悔しく思う。

【用例1】"舅舅，我考试不及格，爸爸生气，打我了。""浩然，你学习不
　　努力，你爸爸是恨铁不成钢啊。" "Jiùjiu, wǒ kǎoshì bù jí gé, bàba shēng
　　qì, dǎ wǒ le." "Hàorán, nǐ xuéxí bù nǔlì, nǐ bàba shì hèn tiě bù chéng gāng
　　a."（「おじさん、試験で赤点をとったら父さんが怒って叩いたよ」。「浩然、
　　お前が頑張らないから、父さんにすれば口惜しや、なんで鋼に成りきれぬと
　　いう気持ちなんだよ」。）

【用例2】今年我们的国足每一场预赛都输了，又错过了世界杯，球迷们
　　再次对国足失望，真是恨铁不成钢啊！Jīnnián wǒmen de Guózú měi yì
　　chǎng yùsài dōu shū le, yòu cuòguòle Shìjièbēi, qiúmímen zàicì duì Guózú
　　shīwàng, zhēnshi hèn tiě bù chéng gāng a!（今年我が国の男子サッカーチ
　　ームは予選で全敗し、再度ワールドカップ出場を逃した。サポーターたちは
　　またしても期待を裏切られ、口惜しや、なんで鋼に成りきれぬという思い
　　だ！）

- 33 -

〔31〕男儿有泪不轻弹

Nán'ér yǒu lèi bù qīng tán

男はみだりに泣かぬもの

【意味】 男子たるものは、眼に涙が浮かんでも軽々しく拭うものではない。男は泣くな。

【用法】 男の子に対し「泣くな」「強くあれ」と教育するときに使う。また、涙を見せた男性についても使う。人前で涙を見せるのは恥とされてはいても、心底悲しいときには涙を流してしまう。そんなときに周囲はこのことわざを使って同情を寄せる。

【ポイント】 「男儿」（＝男児）は立派な男。男たるもの。「轻」（＝軽）は軽々しく。「弹」（＝弾）は手のひらで払いのける。拭う。「眼に涙が浮かんでも軽々しく拭わない」のは、拭ってしまうと泣いたとカウントされるからであろう。

【用例 1】儿子摔疼了大哭起来，王芳说："男孩子不要哭，爸爸不是教过你男儿有泪不轻弹吗？" Érzi shuāiténgle dàkūqǐlai, Wáng Fāng shuō: "Nán háizi búyào kū, bàba bú shì jiāoguo nǐ nán'ér yǒu lèi bù qīng tán ma?"（息子が転んで大泣きしたら、王芳は言った。「男の子は泣いちゃだめ。父さんはお前に男はみだりに泣かぬものと教えたでしょう？」）

【用例 2】"听说，杨师母患绝症了。""我看见杨老师哭得好伤心。男儿有泪不轻弹，可见他多受打击。" "Tīng shuō, Yáng shīmǔ huàn juézhèng le." "Wǒ kànjiàn Yáng lǎoshī kū de hǎo shāng xīn. Nán'ér yǒu lèi bù qīng tán, kějiàn tā duō shòu dǎjī."（「楊先生の奥さんが不治の病にかかったそうだ」。「楊先生がひどく泣いているのを見た。男はみだりに泣かぬもの。先生がどれほどショックだったかわかるよ」。）

第2章　口は刀でも心は豆腐

〔32〕初生牛犊不怕虎

Chū shēng niúdú bú pà hǔ

仔牛はトラを恐れず

【意味】 仔牛はトラを恐れない。若者は経験に乏しく、恐れを知らぬが
ゆえに無鉄砲なまねをする。転じて、若者は物おじせず果敢に物事
に取り組み、困難を突破する。

【用法】 若者が自らの力を過信して突っ走ろうとするのを批判して使
う。また、若者らしく思い切り仕事したり行動したりするのを褒め
るときに使う。

【ポイント】「初生」は生まれたばかり。「牛犊」(＝牛犢)は仔牛。「怕」
は恐れる。

【用例1】陈丽华："台风要来了，大海要起浪了，俊熙却要去冲浪。"孙
要武："快去拦住他！ 他才刚开始学习冲浪。真是初生牛犊不怕虎啊！"
Chén Lìhuá："Táifēng yào lái le, dàhǎi yào qǐ làng le, Jùnxī què yào qù
chōnglàng." Sūn Yàowǔ："Kuài qù lánzhù tā! Tā cái gāng kāishǐ xuéxí
chōnglàng. Zhēnshi chū shēng niúdú bú pà hǔ a!"　(陳麗華「台風が近づ
いて海がこれから時化るというのに、俊熙はサーフィンに行くんだって」。
孫要武「早く止めろ！あいつはサーフィンを習い始めたばかりじゃないか。
まったく仔牛はトラを恐れずなんだから！」)

【用例2】同学们！ 年轻人最大的资本是犯得起错误。希望你们初生牛犊
不怕虎，勇敢地追求自己的梦想。Tóngxuémén！ Niánqīng rén zuì dà
de zīběn shì fàndeqǐ cuòwù. Xīwàng nǐmen chū shēng niúdú bú pà hǔ,
yǒnggǎn de zhuīqiú zìjǐ de mèngxiǎng.　(学生の皆さん！ 若者の最大の特
権は、間違えたっていいということです。皆さんは仔牛はトラを恐れずで、
思い切り自分の夢を追いかけてください。)

- 35 -

〔33〕浪子回头金不换

Làngzǐ huí tóu jīn bú huàn

子の改心は黄金に勝る

【意味】 放蕩息子の改心は黄金にも換え難い。放蕩息子が心を入れ替えて正業に励むようになるのは、黄金にも換え難いほどありがたい事だ。

【用法】 人が悪事から足を洗い、まじめに働いたり正常な生活を送るようになったりしたときに使う。男女ともに用いる。

【ポイント】「浪子」はぶらぶら遊びまわるだけで、正業に就かない若者。「回头」（＝回頭）は頭をまわして後ろに向ける。振り返る。ここでは悪事を止め、正道に立ち返ること。

【用例1】"老洪的女儿戒毒成功了。""浪子回头金不换，希望梅梅永远不要再吸毒。" "Lǎo Hóng de nǚ'ér jiè dú chénggōng le." "Làngzǐ huí tóu jīn bú huàn, xīwàng Méimei yǒngyuǎn búyào zài xī dú." （「洪さんの娘は麻薬を断つことができた」。「子の改心は黄金に勝る。梅梅がもう二度と麻薬に手を出しませんように」。）

【用例2】"我那吊儿郎当的徒弟最近变了，不请假不迟到，这个月还提前完成了指标。""曹师傅，祝贺您！真是浪子回头金不换啊！" "Wǒ nà diào'erlángdāng de túdì zuìjìn biàn le, bù qǐng jià bù chídào, zhè ge yuè hái tíqián wánchéngle zhǐbiāo." "Cáo shīfu, zhùhè nín! Zhēnshi làngzǐ huí tóu jīn bú huàn a!" （「わしのあのぐうたら弟子めが最近変わった。休みは取らず遅刻もせず、さらに今月は生産目標を繰り上げで達成した」。「曹親方、おめでとうございます！ まったく子の改心は黄金に勝るですね！」）

第2章　口は刀でも心は豆腐

〔34〕活到老，学到老
Huódào lǎo, xuédào lǎo

死ぬまで学びは果てぬもの

【意味】年老いるまで生き、年老いるまで学ぶ。人は一生勉強。習うは一生。

【用法】新しいことを学ぼうとする老人を褒めるときに使う。また、老人に新しいことを学ぶよう勧めるときにも使う。

【ポイント】「活」は「生きる」。「活到老」は年老いるまで生きる。「学到老」はその年老いたときまで学ぶ。二句をあわせると、年老いるまで生き学び続ける、つまり生きている限り学び続ける意となる。次の文は同じ構造。「那个留学生在大学待到明年, 学到明年」Nà ge liúxuéshēng zài dàxué dāidào míngnián, xuédào míngnián.（あの留学生は大学に来年まで滞在し、勉強する）。

【用例1】杨跃进老师退休以后学起了阿拉伯语。他活到老，学到老的精神让人感动。Yáng Yuèjìn lǎoshī tuìxiū yǐhòu xuéqǐle Ālābóyǔ. Tā huódào lǎo, xuédào lǎo de jīngshen ràng rén gǎndòng.（楊躍進先生は退職後、アラビア語の勉強を始めた。先生の死ぬまで学びは果てぬものという精神には感動させられる。）

【用例2】朱薇薇：“爸爸，天天打麻将对身体、精神都不好，学书法也行，学摄影也行，去外面学习学习吧。活到老，学到老嘛！”Zhū Wēiwei：“Bàba, tiān tiān dǎ májiàng duì shēntǐ、jīngshen dōu bù hǎo, xué shūfǎ yě xíng, xué shèyǐng yě xíng, qù wàimian xuéxíxuexi ba. Huódào lǎo, xuédào lǎo ma！”（朱薇薇「父さん、毎日毎日麻雀をやっていたら身体にも心にも良くないわ。習字でもいい、写真でもいい、外へ勉強しに行きなさいよ。人は一生勉強でしょ！」）

- 37 -

〔35〕姜还是老的辣
Jiāng háishi lǎo de là

生姜はひねたのが辛い

【意味】 年寄り、年長者は経験豊富で物馴れているので、若い者より頼りになる。亀の甲より年の功。

【用法】 老人、年長者の知恵や手腕を称賛するとき使う。また、ある種の重要な仕事は老練な年長者に任せるべきだ、というときに使う。「新姜没有老姜辣」Xīn jiāng méiyou lǎo jiāng là（新生姜はひね生姜ほど辛くない）などともいう。

【ポイント】「姜」は生姜。「还是」（＝還是）はやはり。「老」は古い。年老いた。「辣」は塩辛い味ではなく、刺激性のピリピリする辛さ。

【参考】 背景には老人を尊重する文化がある。実際に八十代、九十代の老人が現役で各界をリードして発言するのを見ることがある。

【用例1】"奶奶，今天的烹饪大赛，岁数最大的厨师得了第一名。""他经验最丰富吧，姜还是老的辣嘛！""Nǎinai, jīntiān de pēngrèn dàsài, suìshu zuì dà de chúshī déle dì yī míng." "Tā jīngyàn zuì fēngfù ba, jiāng háishi lǎo de là ma！"（「おばあちゃん、今日の料理人選手権は、一番年かさのコックが一位になったよ」。「彼が一番経験豊富なのだよ。生姜はひねたのが辛いね！」）

【用例2】"投票结果，小陆输给了老艾。""姜还是老的辣，老艾经验丰富、做事老练、待人真诚，他当代表我们放心。""Tóupiào jiéguǒ, Xiǎo Lù shūgěile Lǎo Ài." "Jiāng háishi lǎo de là, Lǎo Ài jīngyàn fēngfù, zuò shì lǎoliàn、dài rén zhēnchéng, tā dāng dàibiǎo wǒmen fàng xīn."（「投票の結果、陸さんは艾さんに敗れた」。「生姜はひねたのが辛い。艾さんは経験豊富で仕事の手際も良く、皆に心のこもった対応をしてくれるから、彼が代表になればわたしたちは安心だ」。）

第2章　口は刀でも心は豆腐

〔36〕不听老人言，吃亏在眼前
Bù tīng lǎorén yán, chī kuī zài yǎnqián

年寄りの言は聞かねば損をみる

【意味】年寄りの意見や忠告を聞かないと、必ずひどい目に遭う。

【用法】年寄りの言葉には経験に裏打ちされた知恵があるのだから、尊重して従うよう相手に勧めるときに使う。年長者が若者に対して使うとは限らない。相手を説得しようとするときは、若者同士で使うことも多い。二句目は「吃亏在眼前」だけでなく、多くの言い方がある。例えば、「必定受饥寒」bìdìng shòu jīhán（必ず飢えや寒さに遭う＝待つのは落魄）など。

【ポイント】「听」（＝聴）は聞く。「不听老人言」は年寄りのいうことを聞かなければ。「吃亏」（＝喫虧）は損をする。「眼前」は目の前。

【用例1】"听奶奶话，再热也不能洗冷水澡，会感冒的。不听老人言，吃亏在眼前。" "Tīng nǎinai huà, zài rè yě bù néng xǐ lěngshuǐ zǎo, huì gǎnmào de. Bù tīng lǎorén yán, chī kuī zài yǎnqián."（おばあちゃんのいう事を聞きなさい。どんなに暑くたって、水でシャワーをしたらだめだよ。風邪をひいてしまう。年寄りの言は聞かねば損をみるだからね。）

【用例2】"大哥，我的投资项目失败了。""小张，当初我反对你投资的。不听老人言，吃亏在眼前。" "Dàgē, wǒ de tóuzī xiàngmù shībài le." "Xiǎo Zhāng, dāngchū wǒ fǎnduì nǐ tóuzī de. Bù tīng lǎorén yán, chī kuī zài yǎnqián."（「兄貴、俺の投資計画は失敗しちゃったよ」。「張さん、最初からお前の投資には反対していた。年寄りの言は聞かねば損をみるというだろ」。）

- 39 -

コラム──お国訛りのことわざ

　中国語は方言差が大きく、北方方言をはじめとする七大方言に分かれている。**普通话** pǔtōnghuà（あまねく通じる言葉、共通語）が普及しているため、意思疎通に問題はない。それでも、中国の人たちはそれぞれのお国訛りに格別の思い入れがあるようだ。

　筆者の友人で、北京で生まれ育った女性が愚痴をこぼしていたことがある。日本で、上海から来た水球チームの通訳を頼まれたのだが、彼ら同士が上海の言葉でしゃべると彼女は一語も聞き取ることができず、まったく親しみが感じられなかったのだそうだ。北京は北方方言で、上海は呉語方言（上海、浙江省、江蘇省南部の言葉）だからである。

　こうした事例には事欠かないからだろう。中国には**乡音** xiāngyīn（お国訛り）に関することわざがたくさんある。中でも、故郷を離れている人がお国訛りを耳にしたときの嬉しさを表すものが多い。

　例えば「**久旱逢甘雨，他乡闻乡音**」Jiǔhàn féng gānyǔ, tāxiāng wén xiāngyīn（干天の慈雨だ、こんな所でお国訛りに出会ったぞ）がそうだ。「闻」は、音が耳に入ってくるという意味である。雑踏などで、特定の訛りの言葉に耳をすませる人の姿を想像させられる。日本人が、国外で日本語を耳にしたときに感じる嬉しさと同じかもしれない。「**乡亲遇乡亲，说话真好听**」Xiāngqīn yù xiāngqīn, shuō huà zhēn hǎotīng（故郷の人と行き合えば、言葉の響きが嬉しいな）などもよく知られる。

　「**失了乡音忘了本**」Shīle xiāngyīn wàngle běn（お国訛りを失えば来し方を忘れる）や、「**离乡不离腔**」Lí xiāng bù lí qiāng（故郷は離れても、お国訛りは変えられぬ）などということわざもある。

　こうしたことわざは、お国訛りが人々のアイデンティティを支える大切な柱の一つであることを物語っている。

第3章

つけた鈴は自分で外せ

〔37〕 解铃还需系铃人

Jiě líng hái xū xì líng rén

つけた鈴は自分で外せ

【意味】 もめ事は、引き起こした当人自らが解決するよりほかない。鈴を
外すには、ゆわえつけた人が要る。

【用法】 もめ事の原因を作った人に対し、自ら動いて解決するよう促すと
き使う。このことわざを使うと、相手の自助努力を促すと同時に、もめ
事の原因はこちら側にはないと釘を刺すことにもなるため、国際政治、
外交の場で使われることも多い。

【ポイント】 「解铃」は鈴を結びつけた紐をほどいて外す。「还」(＝還) は
やはり。「需」は必要である。「系」(＝繋) xì はゆわえつける。

【参考】 虎の首に結びつけられた鈴を外そうとするなら、鈴を結びつけた
人にほどいてもらうしかない。仏僧の問答「虎項金鈴是誰解得」(虎の首
の鈴は誰が外せるか？）「繋者解得」(ゆわえつけた人なら外せる) に基づく。
「解铃系铃」ともいう。

【用例1】"我说话太直，朋友生我气了，不理我了。" "解铃还需系铃人。你
再找她沟通一下吧。" "Wǒ shuōhuà tài zhí, péngyou shēng wǒ qì le, bù lǐ wǒ
le." "Jiě líng hái xū xì líng rén. Nǐ zài zhǎo tā gōutōng yí xià ba." (「ずけずけ
言いすぎたら、友だちが怒って相手にしてくれなくなっちゃった」。「つけた鈴
は自分で外せというでしょ。もう一度彼女をたずねて気持ちを伝えなさいよ」。)

【用例2】"甲国又向我国实施制裁了，贵国是甲国的盟国，能不能劝甲国取
消制裁？" "贵国应该通过直接对话来解决矛盾，解铃还需系铃人。"
"Jiǎguó yòu xiàng wǒ guó shíshī zhìcái le, guì guó shì Jiǎguó de méngguó,
néng bu néng quàn Jiǎguó qǔxiāo zhìcái？" "Guì guó yīnggāi tōngguò zhíjiē
duìhuà lái jiějué máodùn, jiě líng hái xū xì líng rén." (「甲国がまた我が国に制
裁を仕掛けました。貴国は甲国の同盟国なので、甲国に制裁を止めるよう促す
ことはできませんか？」「貴国は直接対話を通じて問題を解決すべきです。つけ
た鈴は自分で外せといいます」。)

第3章　つけた鈴は自分で外せ

〔38〕 一个碗不响，两个碗叮当
Yí ge wǎn bù xiǎng, liǎng ge wǎn dīngdāng

一人では喧嘩ができない

【意味】 一つなら鳴らない茶碗。二つあれば音が鳴る。喧嘩になるときは、必ず双方に問題がある。喧嘩両成敗。

【用法】 喧嘩で、片方だけを責めることはできないというときに使う。

【ポイント】「一个」（＝一箇）は一つ。「碗」は茶碗型の食器の総称。「响」（＝響）は、音がひびく。「两个」（＝両箇）は、二つ。「叮当」（＝叮噹）は金属、陶器などがぶつかり合う音。カチン。ガチャン。「一个巴掌拍不响」Yí ge bāzhang pāibuxiǎng（片手で拍手はできない＝一人では喧嘩ができない）などともいう。

【用例1】 "隔壁刘太太看上去很温柔，却经常跟她先生吵架。""一个碗不响，两个碗叮当，双方都有问题吧。" "Gébì Liú tàitai kànshàngqu hěn wēnróu, què jīngcháng gēn tā xiānsheng chǎo jià." "Yí ge wǎn bù xiǎng, liǎng ge wǎn dīngdāng, shuāngfāng dōu yǒu wèntí ba." （「お隣の劉さんの奥さんは、見たところとても穏やかなのだけれど、旦那さんとしょっちゅう喧嘩をしているのよ」。「一人では喧嘩ができないというだろ。双方に問題があるんだよ」。）

【用例2】 "昨天陆涛和石磊大吵了一架，今天见了面，都不理对方了。怎么办？""你好好儿劝说他们吧。一个碗不响，两个碗叮当，只有双方都反省了自己，矛盾才能解决。" "Zuótiān Lù Tāo hé Shí Lěi dà chǎole yí jià, jīntiān jiànle miàn, dōu bù lǐ duìfāng le. Zěnme bàn？" "Nǐ hǎohāor quànshuō tāmen ba. Yí ge wǎn bù xiǎng, liǎng ge wǎn dīngdāng, zhǐyǒu shuāngfāng dōu fǎnxǐngle zìjǐ, máodùn cái néng jiějué." （「昨日陸濤と石磊が大喧嘩をして、今日顔を合わせても互いに無視し合っている。どうしたらいいかな」。「二人によくよく言い聞かせなよ。一人では喧嘩ができないというだろ。二人とも反省して、はじめてわだかまりが消えるんだ」。）

- 43 -

〔39〕近水楼台先得月

Jìn shuǐ lóutái xiān dé yuè

得をするのはまず周り、水面の月は汀から取る
（みなも）（みぎわ）

【意味】 池のほとりの高殿は水面の月に一番近い。関係者は優先的に利益を得ることができる。負うた子より抱いた子。

【用法】 関係の近さから利益を得ることを描写したり、批判したりするとき使う。

【ポイント】「楼台」は二階以上の建物。高殿。月が出ると水面に月影が映る。水際の高殿にいる人は、手を伸ばせば水面の月に触れることができる。二句目に「向阳花木易为春」Xiàng yáng huāmù yì wéi chūn（春の芽吹きは日向から来る）が続くことがある。

【用例1】"我女儿在服装店当店员，她买衣服可以优惠打折。""近水楼台先得月，怪不得你女儿总是打扮得很漂亮。"Wǒ nǚ'ér zài fúzhuāng diàn dāng diànyuán, tā mǎi yīfu kěyǐ yōuhuì dǎ zhé." "Jìn shuǐ lóutái xiān dé yuè, guàibude nǐ nǚ'ér zǒng shì dǎbàn de hěn piàoliang."（「うちの娘はブティックで店員をしているので、服は内部価格で買えるのよ」。「得をするのはまず周り、水面の月は汀から取る。道理であなたの娘さんはいつもきれいにしていると思ったわ」。）

【用例2】"白雪是个大美女，公司里好几个人追求她。你是怎么把她追到手的？""她是我的大学同窗，近水楼台先得月嘛！"Bái Xuě shì ge dà měinǚ, gōngsī li hǎo jǐ ge rén zhuīqiú tā. Nǐ shì zěnme bǎ tā zhuī dào shǒu de？" "Tā shì wǒ de dàxué tóngchuāng, jìn shuǐ lóutái xiān dé yuè ma！"（「白雪はすごい美人だから、会社では彼女を追いかけている男が何人もいた。どうやって彼女を射止めたんだい？」「彼女は僕と大学で同窓なんだ。得をするのはまず周り、水面の月は汀から取るだよ！」）

【用例3】"他怎么比公司里所有同事都晋升得快呢？""近水楼台先得月，他是李总的侄儿啊！"Tā zěnme bǐ gōngsī li suǒyǒu tóngshì dōu jìnshēng de kuài ne？" "Jìn shuǐ lóutái xiān dé yuè, tā shì Lǐ zǒng de zhí'ér a！"（「彼はどうして会社で誰よりも昇進が速いのですか？」「得をするのはまず周り、水面の月は汀から取る。彼は李社長の甥なんだよ！」

- 44 -

第3章　つけた鈴は自分で外せ

〔40〕君子成人之美
Jūnzǐ chéng rén zhī měi

君子は人を助けるもの

【意味】徳の高い立派な人物は、人の願いが成就するよう力を貸すものだ。

【用法】願い事のある人が、相手に力添えを頼むときに使う。また、願い
事をかなえてもらって、相手に礼を言うとき使う。相手を「君子」と持
ち上げるのは、日本語なら、「神様、仏様、〇〇様、なにとぞお助けを」
などとユーモラスに言うのと似ている。

【ポイント】「君子」は徳の高い立派な人物。「成」は人を助けて目的を遂
げさせること。「人之美」は頼み事をする人にとっての美挙。自分の利
益になる願い事。

【参考】「君子は人の美を成す」は『論語』の言葉。現在使われている意
味とは異なる。「人之美」は人の美点長所。「君子成人之美，不成人之悪。
小人反是」。(君子は人に美点長所があれば、それを伸ばして成功させる
ようにする。人に短所悪事があっても諌め補い、人目から隠そうとする。
小人は君子と反対で、人の美点長所が伸びることを妨げ、短所悪事があ
ればさらに悪くなるようそそのかし、人にも言い触らす。)

【用例1】徐小琳："我离婚十几年了，您朋友多，如果有合适的，帮我介绍
一个吧。君子成人之美嘛！"赵大妈："好的，我留意一下。" Xú Xiǎolín：
"Wǒ lí hūn shí jǐ nián le, nín péngyou duō, rúguǒ yǒu héshì de, bāng wǒ
jièshào yí ge ba. Jūnzǐ chéng rén zhī měi ma!"　Zhào dàmā："Hǎo de, wǒ liú
yì yí xià." (徐小琳「私は離婚して十何年たつのだけど、あなたは知り合いが多
いから、適当な人がいたら紹介してくれない。君子は人を助けるものと言うで
しょ！」　趙さん「わかった。心掛けておくわ」。)

【用例2】"你这么喜欢这件毛衣，就送给你了。""赵大妈，谢谢您的君子成
人之美。" "Nǐ zhème xǐhuan zhè jiàn máoyī, jiù sònggěi nǐ le." "Zhào dàmā,
xièxie nín de jūnzǐ chéng rén zhī měi." (「そんなにこのセーターが気に入った
のなら、あなたにあげるわ」。「趙さんありがとう、君子様のお助けだわ」。)

- 45 -

〔41〕 当局者迷，旁观者清

Dāng jú zhě mí, páng guān zhě qīng

はた目の方が物は見える

【意味】 囲碁や将棋で、対局者より見物人の方が冷静に大局が読める。当事者より第三者の方が物事の実態を把握しやすく、的確な判断を下すことができる。岡目八目。

【用法】 囲碁や将棋にかぎらず、傍らで見ている者の方が、当事者より的確に真相を把握していることを形容するときに使う。また、第三者に物事の判断を仰ぐときに使う。

【ポイント】 「当局者」は囲碁や将棋の対局者。転じて当事者。「迷」は良し悪しが見分けられず、正確な判断を下せないこと。「旁观者」（＝傍観者）はそばで見ている人。見物人。「清」ははっきりしている。

【用例1】 曹师傅："康主任，我徒弟最近热恋中，工作时常常思想不集中，竟然出了差错！"康主任："当局者迷，旁观者清。您要多提醒他，恋爱是好事，但不要影响工作。" Cáo shīfu: "Kāng zhǔrèn, wǒ túdì zuìjìn rèliàn zhōng, gōngzuò shí chángcháng sīxiǎng bù jízhōng, jìngrán chūle chācuò!" Kāng zhǔrèn: "Dāng jú zhě mí, páng guān zhě qīng. Nín yào duō tíxǐng tā, liàn'ài shì hǎoshì, dàn búyào yǐngxiǎng gōngzuò." （曹親方「康主任、わしの徒弟が近頃大恋愛の最中でね、仕事中もうわの空で、なんとミスまでやらかしたんだよ」。康主任「はた目の方が物は見えるというし、彼にはよく注意してやりなさい。恋愛はいい事だけど、仕事に障るのはだめですよ」。）

【用例2】 警察对赵大妈说："当局者迷，旁观者清。他们打架你都看见了，你说说，是谁先动手的。" Jǐngchá duì Zhào dàmā shuō: "Dāng jú zhě mí, páng guān zhě qīng. Tāmen dǎ jià nǐ dōu kànjiàn le, nǐ shuōshuo, shì shéi xiān dòng shǒu de." （警官が趙さんにいった。「はた目の方が物は見えるといいます。彼らの殴り合いをあなたは一部始終見ていましたね。話してくれませんか。どちらが先に手を出したのか」。）

- 46 -

第3章　つけた鈴は自分で外せ

〔42〕眼不见，心不烦
Yǎn bú jiàn, xīn bù fán

見ぬもの清し

【意味】見なければ悩まない。たとえ心に染まぬことがあっても、見たり考えたりしなければ、それらは存在しないのと同じことになって、悩む必要はなくなる。

【用法】心に染まぬ事は見ないでおくのが精神衛生上一番いい、というときに使う。

【ポイント】「眼不见」（＝眼不見）は目で実際に見ることをしない。「烦」（＝煩）はあれこれ悩む。

【用例1】"馨予，你的人气越来越高，网上有关你的传闻也越来越多，正面的、负面的都有。""眼不见，心不烦，我上网也不看那些。" "Xīnyǔ, nǐ de rénqì yuèláiyuè gāo, wǎng shang yǒuguān nǐ de chuánwén yě yuèláiyuè duō, zhèngmiàn de、fùmiàn de dōu yǒu." "Yǎn bú jiàn, xīn bù fán, wǒ shàng wǎng yě bú kàn nà xiē."（「馨予、君の人気がどんどん上がるにつれて、ネット上の君に関する噂もますます増えたね。良い噂も、悪い噂もある」。「見ぬもの清しというでしょ。わたしはネットに接続しても、ああいうのは読まないわ」。）

【用例2】丈夫家分遗产，不管他们怎么折腾，我都眼不见，心不烦。Zhàngfu jiā fēn yíchǎn, bùguǎn tāmen zěnme zhēteng, wǒ dōu yǎn bú jiàn, xīn bù fán.（夫の家の遺産分割で、彼らがえんえん協議を繰り返していたって、わたしには見ぬもの清しだわ。）

- 47 -

〔43〕 与人方便，自己方便

Yǔ rén fāngbiàn, zìjǐ fāngbiàn,

人への徳は我が身の得

【意味】 人に良くしてあげれば、めぐりめぐって結局自分の為にもなる。
情けは人の為ならず。

【用法】原則を曲げて便宜を図るよう人に求めるときに使う。また、損得
は考えずに一肌脱ごうというときに使う。

【ポイント】 「与」（＝与）は与える。「方便」は便宜。

【用例1】"听说，你们科里新来的领导非常严厉，不讲情面，大家都不喜欢
他。""是呀！欧阳科长人不坏，只是不懂与人方便，自己方便。他要改变
一下态度，才能得到人心。" "Tīng shuō, nǐmen kē li xīn lái de lǐngdǎo
fēicháng yánlì, bù jiǎng qíngmiàn, dàjiā dōu bù xǐhuan tā." "Shì ya! Ōuyáng
kēzhǎng rén bú huài, zhǐshì bù dǒng yǔ rén fāngbiàn, zìjǐ fāngbiàn. Tā yào
gǎibiàn yí xià tàidù, cái néng dédào rénxīn." (「あなたたちの課に新しく来た上
司はやたら厳しくて容赦ないから、みなに嫌われているんだってね」。「そうな
んだよ！ 欧陽課長は悪い人ではないけど、人への徳は我が身の得ということが
わかっていないんだ。態度を変えないと人望は得られないな」。)

【用例2】"雪停了，我们去道路扫雪吧。""好，与人方便，自己方便嘛！"
"Xuě tíng le, wǒmen qù dàolù sǎo xuě ba." "Hǎo, yǔ rén fāngbiàn, zìjǐ
fāngbiàn ma!" (「雪がやんだ。道に雪かきに行こう」。「いいよ。人への徳は我
が身の得だよね！」)

【用例3】日语老师："前面两个日本游客迷路了，你帮帮他们吧。" 宋梓
涵："好的，与人方便，自己方便。我的日语也可以派上用场了。" Rìyǔ lǎoshī:
"Qiánmiàn liǎng ge Rìběn yóukè mí lù le, nǐ bāngbāng tāmen ba." Sòng Zǐhán:
"Hǎo de, yǔ rén fāngbiàn, zìjǐ fāngbiàn. Wǒ de Rìyǔ yě kěyǐ pàishang
yòngchǎng le." （日本語の先生「前にいる二人の日本人旅行客が道に迷ってい
ます。ちょっと助けてあげなさい」。「わかりました。人への徳は我が身の得。
わたしの日本語も出番があります」。)

- 48 -

第3章　つけた鈴は自分で外せ

〔44〕机不可失，时不再来

Jī bùkě shī, shí bú zài lái

チャンスは逃すな、二度とは来ない

【意味】　チャンスはものにしなければならない。同じチャンスはもう来ない。好機逸すべからず。

【用法】　チャンスを逃さず、うまく活用するよう勧めるときに使う。

【ポイント】　「机」（＝機）は機会。「不可～」は～してはならない。「时」（＝時）。

【用例1】　"震华，听妈说领导打算派你去纽约分店工作两年，你愿不愿意去？""姐，我非常愿意，对我来说，这是大开眼界的好机会，机不可失，时不再来。" "Zhènhuá, tīng mā shuō lǐngdǎo dǎsuàn pài nǐ qù Niǔyuē fēndiàn gōngzuò liǎng nián, nǐ yuàn bu yuànyì qù?" "Jiě, wǒ fēicháng yuànyì, duì wǒ lái shuō, zhè shì dà kāi yǎnjiè de hǎo jīhuì, jī bùkě shī, shí bú zài lái."
（「震華、母さんによれば、会社の上司があんたをニューヨーク支店に二年間派遣しようとしているそうだけど、あんたは行きたいの？」「姉さん、とても行きたいよ。僕にとっては大きく視野を広げるいい機会だ。チャンスは逃すな、二度とは来ないだよ」。）

【用例2】　机不可失，时不再来。这条翡翠项链我太喜欢了，价钱再贵也要买。　Jī bùkě shī, shí bú zài lái. Zhè tiáo fěicuì xiàngliàn wǒ tài xǐhuān le, jiàqián zài guì yě yào mǎi.　（チャンスは逃すな、二度とは来ない。このヒスイのネックレスすごく気に入ったわ。どんなに高くても買うわ。）

【用例3】周梦霏："总经理，明天我去华成公司签约。"总经理："机不可失时不再来，一定要签约成功。"　Zhōu Mèngfēi："Zǒngjīnglǐ, míngtiān wǒ qù Huáchéng gōngsī qiān yuē." Zǒngjīnglǐ："Jī bùkě shī, shí bú zài lái, yídìng yào qiān yuē chénggōng."（周夢霏「社長、明日わたしは華成社へ契約に行って参ります」。　社長「チャンスは逃すな、二度とは来ない。しっかり成約してくるんだぞ」。）

〔45〕聡明反被聡明误

Cōngmíng fǎn bèi cōngmíng wù

知恵者は知恵に溺れる

【意味】 利口な者は小賢しく立ち回りすぎるがゆえに、損をする。策士策に溺れる。

【用法】 自分の利益のために小賢しく、或いは抜け目なく立ち回った結果失敗した人に対して、批判的な気持ちを込めて使う。

【ポイント】 「反」（＝反）はかえって。「被〜」は「〜にされる」。「误」（＝誤）は誤る。

【用例1】 "小孙说，这次考试考砸了。""他平时很会猜题，只复习猜的部分。但这次猜错了，这可真是聪明反被聪明误了。" "Xiǎo Sūn shuō, zhè cì kǎoshì kǎozá le." "Tā píngshí hěn huì cāi tí, zhǐ fùxí cāi de bùfen. Dàn zhè cì cāicuò le, zhè kě zhēnshi cōngmíng fǎn bèi cōngmíng wù le."（「孫君が今度の試験は失敗したといっていたよ」。「彼はふだん山をかけるのがすごくうまくて、そこしか勉強しないんだ。でも、今回は外した。知恵者は知恵に溺れるというやつだな」。）

【用例2】 "听说刘老板这次股票做得亏大了。""刘老板很聪明，股票一直做得很好，但这次判断错了。这真是聪明反被聪明误。" "Tīng shuō Liú lǎobǎn zhè cì gǔpiào zuò de kuī dà le." "Liú lǎobǎn hěn cōngmíng, gǔpiào yìzhí zuò de hěn hǎo, dàn zhè cì pànduàncuò le. Zhè zhēnshi cōngmíng fǎn bèi cōngmíng wù."（「劉社長は今度株で大損をしたらしいよ」。「社長は頭がいいし、株もずっと上手にやってきたけど、今回は判断を誤ったね。知恵者は知恵に溺れるとはこのことだ」。）

- 50 -

第3章　つけた鈴は自分で外せ

〔46〕有钱能使鬼推磨

Yǒu qián néng shǐ guǐ tuī mò

銭さえあれば幽鬼でも使える

【意味】金があれば、幽霊に臼をひかせることもできる。金さえあればできないことはない。地獄の沙汰も金次第。

【用法】人がわいろを使うことを批判するとき使う。また、人に向かってわいろで買収すればいいと勧めるとき使う。犯罪的な場面が多い。

【ポイント】「使（…）〜」は（…に）〜させる。「鬼」は幽霊。「推磨」は臼を押して穀物をひく。幽霊にやらせる仕事を「推车」（＝推車）（車を押す）にしている例もある。自分の代わりに力仕事をさせるという意味である。

【用例1】女儿："爸爸，我老公酒后开车撞伤人被捕了，有钱能使鬼推磨，您找人帮一下儿，把事故责任减轻一点儿吧！" 爸爸："不行！酒后驾车帮不了！" Nǚ'ér: "Bàba, wǒ lǎogōng jiǔ hòu kāi chē zhuàngshāng rén bèi bǔ le, yǒu qián néng shǐ guǐ tuī mò, nín zhǎo rén bāng yí xiàr, bǎ shìgù zérèn jiǎnqīng yìdiǎnr ba!" Bàba: "Bùxíng! Jiǔ hòu jià chē bāngbuliǎo!"（娘「父さん、うちの人が飲酒運転で人にけがをさせて逮捕されちゃったの。銭さえあれば幽鬼でも使えるというでしょ。誰かに手をまわして事故の責任をちょっとでも軽くしてあげてよ！」父「だめだ！ 飲酒運転は助けられない！」）

【用例2】"刘军去年去澳门办公务，在赌场输光了一大笔公款，却没有被追究。""这叫有钱能使鬼推磨。他爸爸贿赂了领导，把事情摆平了。" "Liú Jūn qùnián qù Àomén bàn gōngwù, zài dǔchǎng shūguāngle yí dà bǐ gōngkuǎn, què méiyou bèi zhuījiū." "Zhè jiào yǒu qián néng shǐ guǐ tuī mò. Tā bàba huìlùle lǐngdǎo, bǎ shìqing bǎipíng le."（「劉軍君は去年公務でマカオに行ってカジノで大枚の公金をすったのに、責任を追及されなかったんだよ」。「銭さえあれば幽鬼でも使えるだな。お父さんが上司に袖の下を使って、事をもみ消したんだ」。）

- 51 -

〔47〕 跑了和尚，跑不了庙
Pǎole héshang, pǎobuliǎo miào

坊主は逃げても寺は残る

【意味】 何か事を起こして一時的に身を隠したとしても、人は誰しも逃れられぬくびきを負っており、逃げ切ることなどできはしない。坊主は逃げても寺は逃げられない。

【用法】事を起こした人（犯人、債務者など）は逃走したものの、本拠（担保にした財産、家、家族など）を後に残しているときに使う。

【ポイント】「跑」は走る。逃げる。「〜不了」は〜し通すことができない。「跑不了」は逃げおおせることができない。「庙」（＝廟）は寺。

【用例 1】"科长，刘军还不了债，逃跑了，怎么办？""别担心，我们银行已经把他的房产作为担保贷款了，跑了和尚，跑不了庙。" "Kēzhǎng, Liú Jūn huánbuliǎo zhài, táopǎo le, zěnme bàn?" "Bié dān xīn, wǒmen yínháng yǐjīng bǎ tā de fángchǎn zuòwéi dānbǎo dài kuǎn le, pǎole héshang, pǎobuliǎo miào."（「課長、劉軍が借金を返済できなくて逃げたのですが、どうしたらいいでしょう」。「心配するな。うちの銀行は彼の不動産を担保に融資したんだ。坊主は逃げても寺は残る」。）

【用例 2】"小刘，最近我的公司也不景气了，催你几次了，快把钱还给我。""我正在周转资金，我家在这儿，跑了和尚，跑不了庙呀。" "Xiǎo Liú, zuìjìn wǒ de gōngsī yě bù jǐngqì le, cuī nǐ jǐ cì le, kuài bǎ qián huángěi wǒ." "Wǒ zhèngzài zhōuzhuǎn zījīn, wǒ jiā zài zhèr, pǎole héshang, pǎobuliǎo miào ya." （「劉さん、最近はうちの会社も景気が悪くなったんだ。何度も催促しているだろ、早く金を返せ」。「今資金繰りの最中だ。俺の家はここにある。坊主は逃げても寺は残るというだろ」。）

〔48〕平时不烧香，临时抱佛脚

Píngshí bù shāo xiāng, línshí bào fó jiǎo

お供え一つせぬくせに苦しいときは神仏頼み

【意味】 ふだんは線香もあげないのに、事が起こると仏の足にすがりつく。ふだんは付き合いがない人の元に事が起こったときだけ現れて泣きつく。苦しい時の神頼み。

【用法】 困ったときだけ泣きついてくる人を皮肉って使う。二句目だけを単独で使うこともある。ふだん準備を怠っていたことを、事が起こったときだけ付け焼刃でやり過ごすこと。試験のときによく使われ、意味は「一夜漬け」に近い。

【ポイント】 「平时」(＝平時)はふだん。「烧」(＝焼)は火を点ける。「烧香」は神仏を拝んで線香を上げること。「临时」(＝臨時)はいざというときになると。「脚」は足首から下の部分。足首から上の部分は「腿」tuǐ。

【用例 1】"明天就要考试了，借我看看你的笔记本。""你真是平时不烧香，临时抱佛脚。"Míngtiān jiù yào kǎoshì le, jiè wǒ kànkan nǐ de bǐjìběn." "Nǐ zhēnshi píngshí bù shāo xiāng, línshí bào fó jiǎo." (「明日は試験だから、ちょっとノートを貸して」。「あなたは本当にお供え一つせぬくせに苦しいときは神仏頼みなんだから」。)

【用例 2】"为了应付明天的考试，我今晚只能通宵复习了。""你下次不要再临时抱佛脚了，平时不好好儿学习，佛也不会来帮你。"Wèile yìngfu míngtiān de kǎoshì, wǒ jīnwǎn zhǐ néng tōngxiāo fùxí le." "Nǐ xià cì búyào zài línshí bào fó jiǎo le, píngshí bù hǎohāor xuéxí, fó yě bú huì lái bāng nǐ." (「明日のテストをやっつけるには、今晩一晩徹夜で勉強するしかなくなっちゃった」。「次はもうその場しのぎの付け焼刃はしないようにね。ふだんしっかり勉強していなければ、仏様も助けに来てはくれないよ」。)

〔49〕千里送鵝毛，礼軽情意重
Qiān lǐ sòng émáo, lǐ qīng qíngyì zhòng

羽根一つにも心はこもる

【意味】千里の遠方から届いた一本のガチョウの羽。簡単でも心はこもっている。贈り物の値打ちは見た目や多寡にではなく、気持ちがこもっているか否かにある。

【用法】贈り物をするとき、贈る人が相手に使う。謙遜して「ほんの気持ちですが」、「ささやかなものですが」などという言い回しと似ている。贈り物をもらった人も、贈り物について、ささやかな物だが相手の気持ちが嬉しい、という意味で使う。また、もらった贈り物が気に入らないとき、一句目だけ使ってけなすことがある。

【ポイント】「千里」はとても遠い距離。「送」はプレゼントする。「鵝毛」（＝鵞毛）はガチョウの羽根。「礼」は贈り物。「軽」（＝軽）は贈り物として粗末である、と羽根が軽いという二つの意味を掛けている。「情意重」は、情誼は厚い。中国では伝統的にかさの大きな贈り物（大礼 dàlǐ という。大型で重たい）が喜ばれる。

【用例1】"这是我去日本旅游带回来的点心，千里送鹅毛，礼轻情意重,请爷爷收下。" "Zhè shì wǒ qù Rìběn lǚyóu dài huílai de diǎnxīn, qiān lǐ sòng émáo, lǐ qīng qíngyì zhòng, qǐng yéye shōuxià." （これは日本旅行のお土産のお菓子だよ。羽根一つにも心はこもる。ほんの気持ちだけど、おじいちゃん受け取ってね。）

【用例2】"老爸，这张生日卡是杨跃进老师从迪拜寄给您的。" "千里送鹅毛，礼轻情意重，我打电话谢谢他。" "Lǎobà, zhè zhāng shēngrikǎ shì Yáng Yuèjìn lǎoshī cóng Díbài jìgěi nín de." "Qiān lǐ sòng émáo, lǐ qīng qíngyì zhòng, wǒ dǎ diànhuà xièxie tā." （「父さん、この誕生日カードは楊躍進先生がドバイから父さんに送ってくれたんだよ」。「羽根一つにも心はこもるな。電話してお礼をいわなくちゃ」。）

- 54 -

第3章　つけた鈴は自分で外せ

〔50〕有眼不识泰山
Yǒu yǎn bù shí Tàishān

泰山のふもとで泰山を見ず

【意味】泰山を見ているのに泰山であることに気付かない。見る目がなくて、目の前にいる人の高い地位や能力の高さに気付かない。

【用法】目の前に地位の高い人物がいるのに気が付かず、礼を失した場合に「お見それしました」という意味で使う。また、人の能力を見抜くことができないことを形容して使う。

【ポイント】「识」（＝識）は識別する。「泰山」は山東省の名山。尊敬すべき人、重要な事物の比喩。

【用例1】"我给你介绍一下，这位是新来的郭厂长。""原来您就是新来的郭厂长，我真是有眼不识泰山，刚才失礼了！""Wǒ gěi nǐ jièshào yí xià, zhè wèi shì xīn lái de Guō chǎngzhǎng." "Yuánlái nín jiù shì xīn lái de Guō chǎngzhǎng, wǒ zhēnshi yǒu yǎn bù shí Tàishān, gāngcái shīlǐ le!"（「ちょっとご紹介します。この方が新任の郭工場長です」。「なんと、あなた様が新任の郭工場長でいらっしゃいましたか。まったく泰山のふもとで泰山を見ずで、先程は失礼しました！」）

【用例2】（ニュースを見ながら）"这个小偷儿在公交车上偷女乘客的手机，没想到那位乘客是便衣警察，当场被抓住了。""哈哈！ 这就叫有眼不识泰山。"Zhè ge xiǎotōur zài gōngjiāochē shang tōu nǚ chéngkè de shǒujī, méi xiǎngdào nà wèi chéngkè shì biànyī jǐngchá, dāngchǎng bèi zhuāzhù le." "Hāhā! Zhè jiù jiào yǒu yǎn bù shí Tàishān."（「この泥棒は、バスで女性乗客のケータイを盗もうとしたら、なんとその乗客が私服警官だったから、その場で取り押さえられたんだって」。「ははっ! 泰山のふもとで泰山を見ずというやつだな！」）

- 55 -

〔51〕 站得高，望得远

Zhàn de gāo, wàng de yuǎn

高みに登れば遠くが見える

【意味】 高い所に立つと遠い所が見える。高い見識と広い視野を持つ人は、問題の全体がよく見えている。

【用法】 高い見識と広い視野を持つ人を褒めるときに使う。

【ポイント】 「站」は立つ。「站得高」は高いところに立つ。「望」は遠望する。「望得远」（＝望遠）は、遠くまで見渡せる。

【用例1】 "王校长的教育改革方案非常好，真是个有远见的教育家！""她教育经验丰富，学识渊博，站得高，望得远。" "Wáng xiàozhǎng de jiàoyù gǎigé fāng'àn fēicháng hǎo, zhēnshi ge yǒu yuǎnjiàn de jiàoyùjiā !" "Tā jiàoyù jīngyàn fēngfù, xuéshí yuānbó, zhàn de gāo, wàng de yuǎn." (「王校長の教育改革案は大変すばらしい。将来まで見通す力を具えた教育者ですね！」「彼女は豊富な教育経験と広く深い知識を持っています。高みに登れば遠くが見えるですよ」。)

【用例2】 "我们也用飞行器来监控保护野生动物，怎么样？整个草原一览无余，还能监控偷猎者。""好主意，站得高，望得远啊！" "Wǒmen yě yòng fēixíngqì lái jiānkòng bǎohù yěshēng dòngwù, zěnmeyàng? Zhěnggè cǎoyuán yìlǎn wúyú, hái néng jiānkòng tōulièzhě." "Hǎo zhǔyì, zhàn de gāo, wàng de yuǎn a!" (「我々も野生動物の保護にドローンでモニタリングを行ないませんか？ 草原全体を隈なく一望できるので、密猟者もモニタリングできます」。「いい考えです。高みに登れば遠くが見えるですね！」)

第3章　つけた鈴は自分で外せ

〔52〕红花还得绿叶扶
Hóng huā hái děi lǜyè fú

葉あっての赤い花

【意味】赤い花も緑の葉がなければ引き立たない。どんなに有能な人でも、周囲の支えがなければ成功することができない。一つの事業は、それに関わるすべての人々の協力によって成り立つ。

【用法】成功した人が、支えてくれた周囲の人に感謝するときに使う。逆に、成功した人に対し、驕ることなく支えてくれた人に感謝するよう注意するときにも使う。また、一つの仕事は中心人物だけではなく、支えてくれる人がいてこそ、やり遂げることができると教えるときに使う。

【ポイント】「红花」（＝紅花）は赤い花。成功者を指す。赤は成功、幸運など吉事の象徴。「还」（＝還）は〜ですら。「得〜」は〜が不可欠だ。「扶」は手で支える。転じて際立たせる。

【用例 1】"馨予，恭喜恭喜！　新歌一炮而红。""谢谢您！其实这次成功离不开大家的支持，红花还得绿叶扶呢。" "Xīnyǔ, gōngxǐ gōngxǐ! Xīn gē yí pào ér hóng." "Xièxie nín! Qíshí zhè cì chénggōng líbukāi dàjiā de zhīchí, hóng huā hái děi lǜyè fú ne."（「馨予、おめでとう！　新曲が大ヒットだね」。「ありがとうございます！　でも、今回の成功は皆様の支えがあったからこそです。葉あっての赤い花です」。）

【用例 2】"妈妈，我今天看了李叔叔演的话剧，没想到他只说了三句台词。""震华，红花还得绿叶扶，一出戏的成功，配角也很重要。" "Māma, wǒ jīntiān kànle Lǐ shūshu yǎn de huàjù, méi xiǎngdào tā zhǐ shuōle sān jù táicí." "Zhènhuá, hóng huā hái děi lǜyè fú, yì chū xì de chénggōng, pèijué yě hěn zhòngyào."（「母さん、今日李叔父さんの出る劇を見たけど、叔父さんのせりふが三つしか無いとは思わなかったよ」。「震華、葉あっての赤い花というでしょ。一つの劇を成功させるには、端役だってすごく大事なんだよ」。）

- 57 -

コラム——隣り近所のことわざ

　日本では、隣り近所に関することわざはあまり耳にしない気がする。よく使われるのは「遠くの親戚より近くの他人」くらいだろうか。

　反対に、中国では近所づきあいの重要性を説くことわざが多い。それは、家を買う前から始まる。例えば「**千金买宅，万金买邻**」Qiān jīn mǎi zhái, wàn jīn mǎi lín（千金で家を買い、万金で近所を買う）である。家を買うなら、近隣を含めた環境が大切だという意味だ。

　火急のときに頼りになるのは近所の人である。そのことを遠方の親戚と比べて「**买鱼买肉留亲眷，贼偷火烧喊四邻**」Mǎi yú mǎi ròu liú qīnjuàn, zéi tōu huǒ shāo hǎn sìlín（魚や肉で接待するのが親戚、泥棒や火事で助けを呼ぶのは隣近所）などという。

　隣近所と良い関係を築けば「**多年邻居变成亲**」Duōnián línjū biàn chéng qīn（長年の隣人は親戚同様）となる。「**金乡邻，银亲眷**」Jīn xiānglín, yín qīnjuàn（近隣は金、親戚は銀）のように、親戚よりも隣人に重きを置いたことわざもある。

　これらのことわざの表す人間関係は、農村や地方都市ではまだ健在と思われる。ただ、北京や上海のような大都市では、近所づきあいも含め、人とのつながりが希薄になるのは日本と同じだ。

　だが、新型コロナの流行で、また人々の関係が変化した。上海では 2022 年 4 月からの 2 か月間、ロックダウンが実施された。政府からの援助物資だけでは足りず、住民たちは生活物資を団体で購入するなどして助け合うことになった。これまで交流のなかった近隣の住民とのつながりが生まれたという。

　上海に住む友人は、コロナ禍でたった一つ良かったのはそのことだったと、「**远亲不如近邻**」（p.32）ということわざを使って言っていた。とても嬉しそうだった。ことわざは不死鳥のようによみがえる。

第4章

三人寄れば無責任

〔53〕三个和尚没水喝

Sān ge héshang méi shuǐ hē

三人寄れば無責任

【意味】坊さんが三人なら飲む水がなくなる。人手は多い方が良いはずだが、実際は多ければ多いほどかえって油断が生じ、無責任体制に陥る。

【用法】人手が多いがためにかえって無責任体制に陥ることを戒めたり、その状態を嘆いたりするときに使う。

【ポイント】このことわざは、元々次の三句から成る。

「一个和尚挑水喝」（＝一箇和尚挑水喝）Yíge héshang tiāo shuǐ hē(坊さん一人で水二桶)、「两个和尚抬水喝」（＝両箇和尚抬水喝）liǎng ge héshang tái shuǐ hē(坊さん二人で水一桶)、「三个和尚没水喝」（＝三箇和尚没水喝）sān ge héshang méi shuǐ hē(三人寄れば汲みもせず)。一句目の「挑」は、天秤棒の両端に荷をつるしてかつぐ動作。前後二桶かつぐことができる。二句目の「抬」は、二人の人が天秤棒の真ん中に荷をつるしてかつぐ動作。二人だと、一桶しかかつげない。坊さんが三人になると天秤棒は使えなくなる。誰も汲みに行かないので、水はなくなる。坊さんと桶の数から、無責任体制に陥る過程を示す。普通は三句目のみを使う。

【参考】複数で協力し合うことの難しさを教えることわざで、『语文』（国語）の教科書にも載っている。

【用例1】我家旁边儿的餐厅，以前只有一个服务员，服务态度还很好。现在多了几个服务员，服务质量却下降了，真是三个和尚没水喝呀！Wǒ jiā pángbiānr de cāntīng, yǐqián zhǐ yǒu yí ge fúwùyuán, fúwù tàidu hái hěn hǎo. Xiànzài duōle jǐ ge fúwùyuán, fúwù zhìliàng què xiàjiàng le, zhēnshi sān ge héshang méi shuǐ hē ya !（家の近くのレストランは以前店員が一人しかいなかったが、サービスはなかなか良かった。今、店員は数人増えたのに、サービスの質は落ちた。まったく三人寄れば無責任だ！）

- 60 -

第4章　三人寄れば無責任

〔54〕三个臭皮匠，顶个诸葛亮
Sān ge chòu píjiang, dǐng ge Zhūgě Liàng

しがない靴屋も三人寄れば諸葛孔明

【意味】三人のしがない靴屋は、一人の諸葛孔明のような知恵者に匹敵する。皆で集まって相談すれば、必ず良い知恵が出て来るものだ。三人寄れば文殊の知恵。

【用法】仕事の場で、経験も知恵もなくて不安なメンバー同士が一緒に考えてやっていこうと励まし合うときに使う。また、周囲の人に相談するよう勧めるときなどにも使う。このことわざが使われるのは、手近に頼れる大物、ベテランがいないときである。

【ポイント】「臭」はここでは臭いニオイではなく、しがない、へぼな、うぞうむぞうの意。「皮匠」は皮革業者、靴職人、靴直しなどの総称。「顶个诸葛亮」（＝頂箇諸葛亮）は一人の諸葛孔明のような知恵者に匹敵する。

【参考】「诸葛亮」（亮は名。字〔成人する際につける通称〕は孔明。日本では字の方が知られている）は三国時代の蜀の丞相（宰相）。中国では知恵者の代名詞。

【用例1】"这次活动的筹备会议现在开始，俗话说：'三个臭皮匠，顶个诸葛亮'，大家都出出主意吧。""Zhè cì huódòng de chóubèi huìyì xiànzài kāishǐ, súhuà shuō：'Sān ge chòu píjiang, dǐng ge Zhūgě Liàng,' dàjiā dōu chūchū zhǔyì ba."（今回の催しの準備会を、ただ今始めます。ことわざに、しがない靴屋も三人寄れば諸葛孔明といいます。皆様全員で知恵を出して下さい。）

【用例2】爸爸常对我说："薇薇，工作中遇到问题，不要一个人苦恼，找两三个好友商量商量，三个臭皮匠，顶个诸葛亮。"Bàba cháng duì wǒ shuō："Wēiwei, gōngzuò zhōng yùdào wèntí, búyào yí ge rén kǔnǎo, zhǎo liǎng sān ge hǎoyǒu shāngliangshangliang, sān ge chòu píjiang, dǐng ge Zhūgě Liàng."（父はいつも私に言う。「薇薇、仕事で問題にぶつかったら、一人で悩んでいてもだめだよ。仲の良い友達二、三人に相談しなさい。しがない靴屋も三人寄れば諸葛孔明だ」。）

- 61 -

〔55〕做一天和尚撞一天钟

Zuò yì tiān héshang zhuàng yì tiān zhōng

一日坊主の鐘突き

【意味】 一日坊主になれば、その一日は鐘を突く。腰の据わらぬ、場当たり的な仕事をする。

【用法】 場当たり的でいい加減な仕事をせぬよう戒めるとき使う。自分に対しても、人に対しても使う。

【ポイント】「做～」は～に従事する。「撞」は動いている物と別の物を激しくぶつける。「撞钟」（＝撞鐘）は撞木で鐘を突く。

【参考】 このことわざは、台湾では「与えられた仕事は、好むと好まざるとにかかわらずきちんと責任をもってやらねばならない」という、大陸とは逆の意味で使う。コラム「ことわざは生きている」（112頁）参照。

【用例 1】我觉得这个工作对我没意义，几次跟老板辞职，他都没答应，我不想做一天和尚撞一天钟，怎么办才好？ Wǒ juéde zhè ge gōngzuò duì wǒ méi yìyì, jǐ cì gēn lǎobǎn cí zhí, tā dōu méi dāying, wǒ bù xiǎng zuò yì tiān héshang zhuàng yì tiān zhōng, zěnme bàn cái hǎo?（この仕事はわたしにとっては意味がないと思い、何度も社長に辞職を申し出たが、承知してもらえなかった。わたしは一日坊主の鐘突きで仕事をしていきたくない。どうしたらいいだろう。）

【用例 2】孙俊熙的父亲退休后购买股票赔了很多钱，非常沮丧，从此就过着做一天和尚撞一天钟的日子了。 Sūn Jùnxī de fùqin tuìxiū hòu gòumǎi gǔpiào péile hěn duō qián, fēicháng jǔsàng, cóngcǐ jiù guòzhe zuò yì tiān héshang zhuàng yì tiān zhōng de rìzi le.（孫俊熙の父親は退職後、株を買って大金をすり、ひどく気落ちして、それからというものは一日坊主の鐘突きで投げやりな日々を送っている。）

- 62 -

第4章　三人寄れば無責任

〔56〕人怕出名猪怕壮

Rén pà chū míng zhū pà zhuàng

人は名を成すを恐れブタは肥ゆるを恐る

【意味】　人は有名になると、往々にして面倒なことや望まないことが付随
　　　して起こることを指していう。出る杭は打たれる。

【用法】　人や団体（職場など）が名声を得た後、付随して煩わしいことが
　　　起こったときに使う。

【ポイント】　「怕」は恐れる。「出名」は名声を得て広く名前を知られるこ
　　　と。「猪」はブタ（イノシシは野猪 yězhū）。「壮」は体が大きくなる。
　　　太る。ブタは太ると、屠殺して肉にされてしまう。

【用例1】馨予获得了最佳女主角奖后，网络上曝出她以前的负面消息，因
　　　而受到猛烈攻击。真是人怕出名猪怕壮。Xīnyǔ huòdéle zuì jiā nǚ zhǔjué
　　　jiǎng hòu, wǎngluò shang bàochū tā yǐqián de fùmiàn xiāoxi, yīn'ér shòudào
　　　měngliè gōngjī. Zhēnshi rén pà chū míng zhū pà zhuàng. （馨予は主演女優賞
　　　を得たのちウェブ上で古傷を言い立てられ、激しいバッシングを受けた。まっ
　　　たく人は名を成すを恐れブタは肥ゆるを恐るだ。）

【用例2】"老公，没想到你的书畅销以后，每天都有这么多人来找你。""白
　　　雪，我希望这种状况早点儿过去，人怕出名猪怕壮，现在忙得没有写作时
　　　间了。"“Lǎogōng, méi xiǎngdào nǐ de shū chàngxiāo yǐhòu, měi tiān dōu yǒu
　　　zhème duō rén lái zhǎo nǐ.” “Bái Xuě, wǒ xīwàng zhè zhǒng zhuàngkuàng zǎo
　　　diǎnr guòqu, rén pà chū míng zhū pà zhuàng, xiànzài máng de méi yǒu
　　　xiězuò shíjiān le.” （「あなた、本が売れるようになったらこんなにたくさんの人
　　　が毎日あなたに会いに来るようになるとは思わなかったわ」。「白雪、僕はこん
　　　な状況が早く過ぎ去ってくれるのを願うよ。人は名を成すを恐れブタは肥ゆる
　　　を恐るだな。今は忙しくて執筆時間がとれなくなってしまったよ」。）

〔57〕吃人家的嘴软，拿人家的手短

Chī rénjiā de zuǐ ruǎn, ná rénjiā de shǒu duǎn

ご馳走されれば物言えず、物をもらえば断れず

【意味】 ご馳走になると強くはいえず、物をもらうと強く出られない。饗応を受けたり賄賂を受け取ったりすると、不正に対して毅然とした対応ができなくなる。

【用法】 利益供与（金品、接待等）を受けた結果、相手に手心を加えてしまうことを形容したり、非難したりするとき使う。

【ポイント】「吃」（＝喫）は食べる。「人家」は誰か特定の人。「嘴」は口。「软」（＝軟）は力がない。「嘴软」は良し悪しをはっきりいうことができない。「拿」はつかむ。「手短」は手加減する。不公正に対して毅然とした態度をとれず不問に付してしまう。

【用例1】"康主任，欧阳科长犯了错误，厂长却护着他。""欧阳科长经常给厂长送礼，吃人家的嘴软，拿人家的手短嘛！" "Kāng zhǔrèn, Ōuyáng kēzhǎng fànle cuòwù, chǎngzhǎng què hùzhe tā." "Ōuyáng kēzhǎng jīngcháng gěi chǎngzhǎng sòng lǐ, chī rénjiā de zuǐ ruǎn, ná rénjiā de shǒu duǎn ma!"（「康主任、欧陽課長がミスをしても工場長は彼をかばいますね」。「欧陽課長はしょっちゅう工場長に付け届けをしているからね。ご馳走されれば物言えず、物をもらえば断れずというだろ！」）

【用例2】"舅舅，您怎么把人家给的红包、礼物都退回去了呢？""浩然，我是干部，俗话说：'吃人家的嘴软，拿人家的手短。'要是接受了人家的东西，就很难公正办事了。""Jiùjiu, nín zěnme bǎ rénjiā gěi de hóngbāo、lǐwù dōu tuì huíqu le ne?" "Hàorán, wǒ shì gànbù, súhuà shuō：'Chī rénjiā de zuǐ ruǎn, ná rénjiā de shǒu duǎn'. Yàoshi jiēshòule rénjiā de dōngxi, jiù hěn nán gōngzhèng bàn shì le."（「おじさん、どうしてあの人が持ってきた祝儀袋や贈り物をすっかり返してしまったの？」「浩然、おじさんは幹部なんだ。ことわざにご馳走されれば物言えず、物をもらえば断れずというように、物をもらってしまったら偏らず公正に仕事をするのが難しくなるんだ」）

- 64 -

第４章　三人寄れば無責任

〔58〕上梁不正下梁歪
Shàng liáng bú zhèng xià liáng wāi

上の梁<ruby>梁<rt>はり</rt></ruby>がかしげば下の梁がゆがむ

【意味】上の梁が水平でないと、下の梁がゆがむ。上に立つ者の言行が誤っていると下の者に良くない影響が出る。

【用法】下の者が上に立つ者の言行を批判して使う。また、上に立つ者は下の者への影響を考えて言行に注意するべきだというときに使う。

【ポイント】「梁」は木造建築で屋根の重みを支えるため、むねと直角に柱の上に横わたしする材木。「上梁」は一番上の梁。「下梁」は二本目の梁。「歪」はゆがむ。上の梁が地面と水平になっていないと下の梁も水平にならず、ゆがんでしまうことをいう。

【用例1】丁勋铭说：" 老爸，您老说我不好，我是跟您学的，这就是上梁不正下梁歪。" Dīng Xūnmíng shuō："Lǎobà, nín lǎo shuō wǒ bù hǎo, wǒ shì gēn nín xué de, zhè jiù shì shàng liáng bú zhèng xià liáng wāi."（丁勲銘が言った。「父さん、父さんはいつも俺が悪いというが、俺は父さんを真似してるだけだ。こういうのを上の梁がかしげば下の梁がゆがむというんだよ」。）

【用例2】" 上梁不正下梁歪，你们机关领导一定要端正作风，给下属做榜样。" "Shàng liáng bú zhèng xià liáng wāi, nǐmen jīguān lǐngdǎo yídìng yào duānzhèng zuòfēng, gěi xiàshǔ zuò bǎngyàng."（上の梁がかしげば下の梁がゆがむといいます。皆さん方役所の幹部は行いを正し、部下の手本とならねばなりません。）

- 65 -

〔59〕比上不足，比下有余

Bǐ shàng bù zú, bǐ xià yǒu yú

上を見ればきりがなく、下を見てもきりがない

【意味】 上流と比べると上流には及ばない。でも、下流と比べればやはり
ずっと上である。中ぐらい、中流。良くも悪くもない。

【用法】 おおよそ中程、中流という立ち位置を表すときに使う。あるいは
現状は中流で決して悪くないのだから「足るを知れ」と諭すときに使う。

【ポイント】「比」は比べる。「上」は上流。「下」は下流。「有余」は余裕が
ある。

【用例1】"你们公司效益好，工资很高吧。""哪里哪里，比上不足，比下
有余。""Nǐmen gōngsī xiàoyì hǎo, gōngzī hěn gāo ba." "Nǎli nǎli, bǐ shàng bù
zú, bǐ xià yǒu yú."（「あなたたちの会社はもうかっているから給料が良いでしょ
う」。「いえいえ、上を見ればきりがなく、下を見てもきりがないですよ」。）

【用例2】"薇薇，你都过五十了，家里的生活水平也比上不足，比下有余
了。健康第一，不要再拼了。""Wēiwei, nǐ dōu guò wǔshí le, jiāli de shēnghuó
shuǐpíng yě bǐ shàng bù zú, bǐ xià yǒu yú le. Jiànkāng dì yī, búyào zài pīn le."
（薇薇、お前ももう五十を過ぎた。家の生活レベルも上を見ればきりがなく、
下を見てもきりがないで、中ぐらいだ。健康第一にして、これまでのようにが
むしゃらにやらないようにね。）

第4章　三人寄れば無責任

〔60〕人比人，气死人

Rén bǐ rén, qìsǐ rén

人と比べりゃ腹がたつ

【意味】人と比べると死ぬほど腹がたつ。人の能力であれ地位であれ、どのようなことでも他人と比べてしまうと、その差には腹が立つものだ。

【用法】能力、地位等が人より劣ると嘆くときに使う。また、そういうことで人と比べて歎いても仕方がないと諭すとき使う。

【ポイント】人と自分の能力や地位に、大きな開きがあることが前提となっている。前の「人」は自分、後ろの「人」は別の人。「比」は比べる。「气」（＝気）は腹が立つ。「气死」は腹立ちのあまり死ぬ、死ぬほど腹を立てるという二つの意味があるが、ここでは後者。

【用例1】宋梓涵："白云，看你姐姐的照片，身材真好！" 白云："真是人比人，气死人。一个父母生的，我却是个矮胖子！" Sòng Zǐhán : "Bái Yún, kàn nǐ jiějie de zhàopiàn, shēncái zhēn hǎo!" Bái Yún : "Zhēnshi rén bǐ rén, qìsǐ rén. Yí ge fùmǔ shēng de, wǒ què shì ge ǎi pàngzi!"（宋梓涵「白雲、あなたのお姉さんの写真を見たら、背が高くてすらりとしているわね！」白雲「まったく人と比べりゃ腹がたつだわ。同じ親から生まれたのに、わたしはちびデブだなんて」。）

【用例2】欧阳伟："老楚，我跟李总是大学同学，现在他高高在上，我还是一个小科长。" 楚晨："人比人，气死人。人要跟自己的过去比，现在比过去好就好。" Ōuyáng Wěi : "Lǎo Chǔ, wǒ gēn Lǐ zǒng shì dàxué tóngxué, xiànzài tā gāogāo zài shàng, wǒ háishì yí ge xiǎo kēzhǎng." Chǔ Chén : "Rén bǐ rén, qìsǐ rén. Rén yào gēn zìjǐ de guòqù bǐ, xiànzài bǐ guòqù hǎo jiù hǎo."（欧陽偉「楚さん、僕は李会頭と大学のクラスメートなんだ。今、彼は雲の上の人で、僕はまだ一介の平課長さ」。楚晨「人と比べりゃ腹がたつというだろ。前の自分と比べて、前より良くなっていたらそれでよしとすべきだよ」。）

- 67 -

〔61〕同行是冤家

Tóngháng shì yuānjia

同業者は敵

【意味】 同じ商売の人間は利害が衝突するので、互いを仇敵と見なすものだ。

【用法】 同じ商売の人間が互いに嫉妬したり敵視したりして、いがみ合う様を形容するとき使う。

【ポイント】「行」は行業（＝行業）hángyè。職業の総称。「同行」は同業者。「冤家」は仇敵。利害が衝突して互いに強い憎しみを抱いている。

【用例1】"听说，童教授和伍教授都是生物学界权威，两人关系却很不好。""是呀！两位教授住在同一栋公寓里，但是从来没有来往。真是同行是冤家！""Tīng shuō, Tóng jiàoshòu hé Wǔ jiàoshòu dōu shì shēngwùxuéjiè quánwēi, liǎng rén guānxi què hěn bù hǎo." "Shì ya! Liǎng wèi jiàoshòu zhùzài tóngyī dòng gōngyù li, dànshì cónglái méiyou láiwǎng. Zhēnshi tóngháng shì yuānjia!"（「童教授と伍教授はともに生物学界の権威だけど、二人はすごく仲が悪いんだって」。「そうだよ！両教授は同じ棟のマンションに住んでいるのにまったく付き合いがない。まさに同業者は敵だね」。）

【用例2】"我家附近的两家蔬菜店在竞争，一家减价，另一家也减价。""两家店都害怕对方抢了自己的生意吧。同行是冤家嘛！""Wǒ jiā fùjìn de liǎng jiā shūcài diàn zài jìngzhēng, yì jiā jiǎn jià, lìng yì jiā yě jiǎn jià." "Liǎng jiā diàn dōu hàipà duìfāng qiǎngle zìjǐ de shēngyì ba.Tóngháng shì yuānjia ma!"（「うちの近くにある二軒の八百屋が競争していて、一軒が値引きするともう一軒も値引きするんだ」。「互いに商売を食われると思っているんだろうね。同業者は敵だね！」）

- 68 -

第4章　三人寄れば無責任

〔62〕井水不犯河水
Jǐngshuǐ bú fàn héshuǐ

あちらはあちら、こちらはこちら

【意味】井戸の水は河の水に入り込まない。互いの領域を犯さず、一切干渉しない。

【用法】両者が互いに不干渉で利害関係の衝突もなく、共存している状態を形容するとき使う。また、人間関係がこじれて交わりを断つときにも使う。

【ポイント】「井水」は井戸の水。「犯」は侵犯する。このことわざの前後に「你走你的阳关道，我过我的独木桥」Nǐ zǒu nǐ de yángguāngdào, wǒ guò wǒ de dúmùqiáo（お前はお前で日の当たる道を行け、俺は俺で丸木橋を渡る＝お互い自分の道を行く）が続くことがある。

【用例1】"我家和邻居经常发生矛盾，你家不会吧?" "我家和邻居是井水不犯河水，从来没有发生过什么矛盾！" "Wǒ jiā hé línjū jīngcháng fāshēng máodùn, nǐ jiā bú huì ba?" "Wǒ jiā hé línjū shì jǐngshuǐ bú fàn héshuǐ, cónglái méiyou fāshēngguò shénme máodùn!"（「うちの家は近所の家としょっちゅうトラブルを起こしているのだけれど、お宅はそんなことはないでしょう？」「うちは近所とあちらはあちら、こちらはこちらのスタンスなので、これまで何のトラブルも起こしたことはありませんね！」）

【用例2】"我们交往这么多年了，你怎么突然跟我翻脸了呢?" "以前是以前，现在是现在。我已经想好了，我们以后井水不犯河水，谁也不用理谁。" "Wǒmen jiāowǎng zhème duōnián le, nǐ zěnme tūrán gēn wǒ fān liǎn le ne?" "Yǐqián shì yǐqián, xiànzài shì xiànzài. Wǒ yǐjīng xiǎnghǎo le, wǒmen yǐhòu jǐngshuǐ bú fàn héshuǐ, shéi yě bú yòng lǐ shéi."（「わたしたちはこんなに長いつきあいなのに、なんで急に冷たくなったの？」「昔は昔、今は今よ。もう心を決めた。これからはあちらはあちら、こちらはこちらで、お互い関わることなしね」。）

- 69 -

〔63〕瞎猫碰到死老鼠
Xiā māo pèngdào sǐ lǎoshǔ

盲目の猫もネズミに当たる

【意味】 目の見えない猫が死んだ鼠にぶつかる。まぐれ当たり。棚からぼたもち。

【用法】 何の努力もせず、運よく大当たりしたとき使う。また、「だめで元々だが、やってみる」という気持ちを表すときにも使う。自分に使う場合は謙遜の語感があり、相手に使う場合は軽くけなしたり、ちゃかしたりする語感がある。

【ポイント】「瞎」は目が見えない。「碰」は当たる、ぶつかる。

【用例1】"偶尔买了彩票，竟然中彩了。" "瞎猫碰到死老鼠，你运气真好！" "Ǒu'ěr mǎile cǎipiào, jìngrán zhòng cǎi le." "Xiā māo pèngdào sǐ lǎoshǔ, nǐ yùnqì zhēn hǎo！"（「たまたま宝くじを買ったら当たっちゃった」。「盲目の猫もネズミに当たるだな。本当に運が良いね！」）

【用例2】"恭喜恭喜！ 听说你被选上演这部电影的主角了。" "谢谢！ 瞎猫碰到死老鼠，这次是运气好。" "Gōngxǐ gōngxǐ! Tīng shuō nǐ bèi xuǎnshang yǎn zhè bù diànyǐng de zhǔjué le." "Xièxie! Xiā māo pèngdào sǐ lǎoshǔ, zhè cì shì yùnqì hǎo."（「おめでとう！ この映画の主役に選ばれたんだってね」。「ありがとうございます。盲目の猫もネズミに当たるで、今回は運がよかったんです」。）

【用例3】"我时间不够没复习完，明天考试肯定考不好。" "老师说，大部分是选择题，你就当作瞎猫碰到死老鼠，猜着回答吧！" "Wǒ shíjiān bú gòu méi fùxíwán, míngtiān kǎoshì kěndìng kǎobuhǎo." "Lǎoshī shuō, dàbùfen shì xuǎnzétí, nǐ jiù dàngzuò xiā māo pèngdào sǐ lǎoshǔ, cāizhe huídá ba!"（「時間が足りなくて範囲の勉強が終わらなかったから、明日のテストは全然できなさそう」。「先生がほとんど選択問題だと言っていたわ。盲目の猫もネズミに当たるだから、山勘でやりなさいよ！」）

第4章　三人寄れば無責任

〔64〕鶏蛋碰石头
Jīdàn pèng shítou

卵で石を打つ

【意味】 自分の力をわきまえず遥かに強い相手に立ち向かえば、当然ながら自滅する。

【用法】 力の弱い人（地位の低い人、集団、弱国など）が強い人（地位の高い人、集団、強国など）と対決すれば、必ず敗れる。そんなことをしても無駄だと噂したり、主張したりするときに使う。

【ポイント】「鶏蛋」（＝鶏蛋）はニワトリの卵。「石头」（＝石頭）は石。「碰」はぶつける。短く「以卵击石」（＝以卵擊石）Yǐ luǎn jī shí ともいう。また、二句目に「自不量力」Zì bù liàng lì（自分の能力がわかっていない＝身の程知らず）などを続けることがある。

【用例1】"老张跟局长发生争执，坚持自己的意见是正确的。" "他不识时务，简直是鸡蛋碰石头。" "Lǎo Zhāng gēn júzhǎng fāshēng zhēngzhí, jiānchí zìjǐ de yìjiàn shì zhèngquè de." "Tā bù shí shíwù, jiǎnzhí shì jīdàn pèng shítou."（「張さんが局長と論争して、自分の意見の方が正しいと言い張ったんだって」。「彼はわかってないな。まるで卵で石を打つじゃないか」。）

【用例2】"明天的预赛是我国足球队对巴西队，如果打赢，球迷们会多开心呀！" "我看是鸡蛋碰石头。" "Míngtiān de yùsài shì wǒ guó zúqiú duì duì Bāxī duì, rúguǒ dǎyíng, qiúmímen huì duō kāixīn ya!" "Wǒ kàn shì jīdàn pèng shítou."（「明日の予選は我が国のサッカー代表対ブラジルチームだ。もし勝ったらサポーターたちは大喜びするだろうな！」「卵で石を打つだと思うよ」。）

- 71 -

〔65〕种瓜得瓜，种豆得豆
Zhòng guā dé guā, zhòng dòu dé dòu

この種にしてこの実あり

【意味】 ウリを植えればウリがとれ、豆を植えれば豆がとれる。ある行為
をすれば、その行為の良し悪しによって相応の結果が出る。悪いことを
すれば罰を受け、正しいことをすれば報われる。因果応報。

【用法】 正しい行いをして良い結果を出した人を褒めたり、悪い事をして
報いを受けた人を批判したりするときに使う。

【ポイント】「种」(=種)は植える。「瓜」はウリ類の総称。南瓜 Nánguā（カ
ボチャ）、黄瓜 huángguā（キュウリ）、冬瓜 dōngguā（トウガン）、西瓜 xīguā
（スイカ）など種類は多い。「得」は得る。手に入れる。

【用例1】王芳的丈夫因车祸去世，十多年来她拼命工作养活孩子。现在
孩子很有出息了，真是种瓜得瓜，种豆得豆。Wáng Fāng de zhàngfu yīn
chēhuò qùshì, shí duō nián lái tā pīnmìng gōngzuò yǎnghuo háizi. Xiànzài
háizi hěn yǒu chūxī le, zhēnshi zhòng guā dé guā, zhòng dòu dé dòu.（王芳さ
んは夫を交通事故で亡くし、十数年来懸命に仕事をしながら子どもを育ててき
た。今、子どもは立派に育った。まことにこの種にしてこの実ありである。）

【用例2】"对面的餐厅关门了？""听说发生了食物中毒，被停止营业
了。真是种瓜得瓜，种豆得豆。" "Duìmiàn de cāntīng guān mén le?" "Tīng
shuō fāshēngle shíwù zhòng dú, bèi tíngzhǐ yíngyè le. Zhēnshi zhòng guā dé
guā, zhòng dòu dé dòu."（「向かいのレストランは店を閉じたの？」「食中毒を
起こして営業停止になったんだって。まったくこの種にしてこの実ありだね」）

第4章 三人寄れば無責任

〔66〕 偷鸡不着蚀把米
Tōu jī bù zháo shí bǎ mǐ

鶏は盗めず餌も失う

【意味】 鶏を盗もうとして失敗し、一握りの撒き餌も無駄にする。利益を
むさぼろうとしてかえって損をする。良からぬ人間をけなす意味合いが
ある。

【用法】 目先の利益をむさぼるために成算の無いことをするものではな
いと諭すとき使う。

【ポイント】「偷」は盗む。「鸡」（＝鶏）はニワトリ。「着」（＝着）は達成す
る。「偷鸡不着」は「鶏を盗もうとして失敗する」。（普通話では「偷不
着鸡」となり、語順が異なる）。「蚀」（＝蝕）は元手などを損する。「把」
は「一把」。一握り。「米」mǐ は穀類や他の植物の殻や皮を取り去った
種子。大米（コメ）、小米（アワ）、花生米（ピーナッツ）など。ここでは、
鶏を手なづけるために撒く餌。

【用例1】"这批货要顺利出关，就得给海关人员送礼。""如果送了礼，
事情没办成，偷鸡不着蚀把米，那也太不合算了。""Zhè pī huò yào
shùnlì chū guān, jiù děi gěi hǎiguān rényuán sòng lǐ." "Rúguǒ sòngle lǐ,
shìqing méi bànchéng, tōu jī bù zháo shí bǎ mǐ, nà yě tài bù hésuàn le."（「こ
の荷が支障なく税関を通過するには職員に付け届けしなければならないな」。
「もしも付け届けして事が成らなかったら鶏は盗めず餌も失うになる。それも
割に合わないな」。）

【用例2】 张大姐砍价买了便宜的古董，回家细看却是假货。真是偷鸡不
着蚀把米。Zhāng dàjiě kǎn jià mǎile piányi de gǔdǒng, huí jiā xì kàn què shì
jiǎ huò. Zhēnshi tōu jī bù zháo shí bǎ mǐ.（張さんは原価より安く骨董を買い叩
いたと思っていたのに、帰宅してよく見たら贋物だった。鶏は盗めず餌も失う
とはこのことだ。）

- 73 -

〔67〕巧妇难为无米之炊

Qiǎo fù nán wéi wú mǐ zhī chuī

やり手の嫁も米がなければ飯は炊けない

【意味】 どんなにやり手の嫁でも米がなければ飯は炊けない。どんなに有能でやる気があっても、必要な条件が整っていなければ仕事はできない。ない袖は振れぬ。

【用法】 必要な条件が整っていないために仕事で力を発揮できないとき、悔しい気持ちを込めて使う。

【ポイント】「巧」は賢くて手わざが器用なこと。「巧妇」（＝巧婦）は賢くて有能な女性。「巧媳妇」qiǎo xífu（やり手の嫁）の意。「难为〜」（＝難為）は〜できない。「炊」は炊事。「无米之炊」（＝無米之炊）は米がなければ飯は炊けない。熟語として単独でも使われる

【用例1】他作为特派记者来到一个独裁国家以后，常常慨叹地说道："巧妇难为无米之炊，信息都被官方控制了，没有真实的资料，写不出真实的报道。" Tā zuòwéi tèpài jìzhě láidào yí ge dúcái guójiā yǐhòu, chángcháng kǎitàn de shuō dào: "Qiǎo fù nán wéi wú mǐ zhī chuī, xìnxī dōu bèi guānfāng kòngzhì le, méi yǒu zhēnshí de zīliào, xiěbuchū zhēnshí de bàodào."（彼は特派員としてある独裁国家へ来てからはしょっちゅう歎いている。「やり手の嫁も米がなければ飯は炊けない。情報はすべて政府側に統制されていて、正確な資料がないため正確な報道原稿を書くことができない」。）

【用例2】"上星期你那么干劲十足，今天却没精打采，是不是那个项目不太顺利？""主任说，巧妇难为无米之炊，没有资金，项目做不起来了。" "Shàng xīngqī nǐ nàme gànjìn shízú, jīntiān què méi jīng dǎ cǎi, shì bu shì nèi ge xiàngmù bú tài shùnlì?" "Zhǔrèn shuō, qiǎo fù nán wéi wú mǐ zhī chuī, méi yǒu zījīn, xiàngmù zuòbuqǐlai le."（「先週はやる気満々だったのに今日は元気がないね。あのプロジェクトは順調にいっていないの？」「主任が言うには、やり手の嫁も米がなければ飯は炊けない。資金がなくて、プロジェクトはつぶれちゃった」。）

第4章　三人寄れば無責任

〔68〕瘦死的骆驼比马大
Shòusǐ de luòtuo bǐ mǎ dà

餓死したラクダも馬よりでかい

【意味】ラクダは痩せ細って死んでも馬より大きい。素封家や権力者の家
　　（大国などの集団）はたとえ没落しても民衆の家より裕福だ。有能な人
　　間はたとえ挫折しても並みの人間より能力を発揮する。腐っても鯛。

【用法】かつての勢いは失せても素封家や権力者の家（大国などの集団）
　　やもともと有能な人間を見くびるものではない、というときに使う。

【ポイント】「瘦死」は、ここではやせ細って死ぬ。「骆驼」（＝駱駝）はラク
　　ダ。「比～」（＝比）は～より。「比马大」（＝比馬大）は馬より大きい。

【用例 1】"他家几代经商，但他父亲中年早世，现在家道已经没落了。
　　他和母亲怎么生活呢？" "他们靠房租生活。听说每月房租收入近三
　　十万，瘦死的骆驼比马大，底子厚呀！ " " Tā jiā jǐ dài jīngshāng, dàn tā
　　fùqin zhōngnián zǎoshì, xiànzài jiādào yǐjīng mòluò le. Tā hé mǔqīn zěnme
　　shēnghuó ne？" "Tāmen kào fángzū shēnghuó. Tīng shuō měi yuè fángzū
　　shōurù jìn sānshí wàn, shòusǐ de luòtuo bǐ mǎ dà, dǐzi hòu ya!"（「彼の家は何
　　代にもわたる商家だったが、お父さんが若くして亡くなり、今では零落してし
　　まった。彼はお母さんとどうやって暮らしているのだろう？」「家作の家賃で暮
　　らしている。毎月の家賃収入は三十万元近くあるんだって。餓死したラクダも
　　馬よりでかい。先祖伝来の家産があるんだね！」）

【用例 2】"宋同学考上附中了，好像升学考前她的成绩是经常排在班级
　　末尾的。" " 其实她以前是学霸，但自从得病住院以后，成绩一时退
　　步了。这就叫瘦死的骆驼比马大。" "Sòng tóngxué kǎoshàng fùzhōng le,
　　hǎoxiàng shēng xué kǎo qián tā de chéngjì shì jīngcháng páizài bānjí mòwěi
　　de." "Qíshí tā yǐqián shì xuébà, dàn zìcóng dé bìng zhù yuàn yǐhòu, chéngjì
　　yìshí tuì bù le. Zhè jiù jiào shòusǐ de luòtuo bǐ mǎ dà."（「宋さんが附属高校に合
　　格したけど、入試前彼女の成績はたいていクラスでビリだったよね」。「実は彼
　　女は以前優等生だった。でも病気で入院した後、一時期成績が落ちたんだ。こ
　　ういうのを餓死したラクダも馬よりでかいという」。）

- 75 -

〔69〕常在河边走，哪能不湿鞋
Cháng zài hé biān zǒu, nǎ néng bù shī xié

水際の靴は濡れる

【意味】いつも川のそばを歩いていれば、そのうち靴は濡れる。良くない
環境に長期にわたり身を置けば、どうしても悪い習慣に染まったり危な
い目に遭ったりする。

【用法】良いとはいえない環境（風紀が悪い場所、危険や誘惑を伴う仕事
など）での、周囲の人たちから受ける影響の大きさを強調するときに使
う。

【ポイント】「在」は～で。場所を示す。「走」は歩く。「常在河边走」（＝常
在河辺走）はしょっちゅう川辺を歩く。「哪～」は反問。「哪能～」はど
うして～できようか。「鞋」は靴、わらじなど足に履くものの総称。「夜
路走多了，总会遇到鬼」Yè lù zǒu duō le, zǒng huì yùdào guǐ（いつも夜道を
歩いていればいずれ幽霊に出くわす＝夜道を歩けば幽鬼に当たる）などともい
う。

【用例 1】"舅舅因受贿被处分了?! 他一向很本分的，真不敢相信！"
"他在官场工作多年，常在河边走，哪能不湿鞋。"Jiùjiu yīn shòu huì
bèi chǔfèn le?! Tā yíxiàng hěn běnfèn de, zhēn bù gǎn xiāngxìn!" "Tā zài
guānchǎng gōngzuò duōnián, cháng zài hé biān zǒu, nǎ néng bù shī xié."（「お
じさんが賄賂を受け取って処分されただって？ おじさんはこれまでずっと真
面目に勤めてきた。まったく信じ難いよ！」「彼は長年官界で働いてきた。水際
の靴は濡れるだよ」。）

【用例 2】"我今天看见刘军抽烟了，我还以为他不会抽烟呢！""他的
父母都抽烟，常在河边走，哪能不湿鞋。" "Wǒ jīntiān kànjiàn Liú Jūn
chōu yān le, wǒ hái yǐwéi tā bú huì chōu yān ne!" "Tā de fùmǔ dōu chōu yān,
cháng zài hé biān zǒu, nǎ néng bù shī xié."（「今日劉軍君がタバコを吸ってい
るのを見たよ。タバコは吸えないと思っていたのに！」「彼の両親は二人ともタ
バコを吸うんだ。水際の靴は濡れるだよ」。）

- 76 -

第4章　三人寄れば無責任

〔70〕 冰冻三尺非一日之寒
Bīng dòng sān chǐ fēi yí rì zhī hán

日を経て氷は厚くなる

【意味】厚さ三尺もの氷は、一日の寒さで張るわけではない。物事が変化
して重篤な（または高度な）段階に達するまでには、長いプロセスがあ
る。

【用法】長期にわたって形成された怨恨、不和、不幸などを表すときに使
う。また、長期にわたる努力の結果、目を見張るような高いレベルに達
したことを称賛するときにも使う。

【ポイント】「冰冻」（＝氷凍）は水が氷る。「三尺」の尺は市制（民間の度量
衡単位）で長さの単位。現代中国の1尺は33.3 cm。ぶ厚い氷は積もり積
もった敵意、怨恨や長きにわたる努力の蓄積を表す。

【用例1】"这两个国家开始打贸易战了。""他们之间的矛盾很深，冰
冻三尺非一日之寒。"Zhè liǎng ge guójiā kāishǐ dǎ màoyìzhàn le." "Tāmen
zhī jiān de máodùn hěn shēn, bīng dòng sān chǐ fēi yí rì zhī hán."（「この二国
が貿易戦争を始めたね」。「二国間の亀裂は大きい。日を経て氷は厚くなるだよ」。）

【用例2】"你看，他成功完成了五个四周跳，获得了奥运会花滑金牌。"
"他四岁开始学花滑，至今天天刻苦训练。冰冻三尺非一日之寒。" "Nǐ
kàn, tā chénggōng wánchéngle wǔ ge sì zhōu tiào, huòdéle Àoyùnhuì huā
huá jīnpái. " "Tā sì suì kāishǐ xué huā huá, zhìjīn tiāntiān kèkǔ xùnliàn.
Bīng dòng sān chǐ fēi yí rì zhī hán."（「ほら、彼が4回転ジャンプを5回決めて
オリンピックフィギュアの金メダルを取ったよ」。「彼は4歳でフィギュアを始
めて今日まで厳しく鍛えてきた。日を経て氷は厚くなるだね」。）

〔71〕 鸡蛋里挑骨头

Jīdàn li tiāo gǔtou

卵の中にも骨を見つける

【意味】 ニワトリの卵の中で骨を探す。あらさがしする。重箱の隅をつつく。

【用法】 あらさがしをする人を批判して使う。

【ポイント】「鸡」(＝鶏) はニワトリ。「蛋」は卵。「挑」は挑剔 tiāoti。重箱の隅をつつくように、さしたることもない欠点や落ち度を見つけ出してきつくとがめだてしたり、ケチをつけたりすること。「骨头」(＝骨頭) は骨。

【用例1】"加班加点干得这么累，欧阳科长也不表扬我们。""就是呀！他总是说这个不好那个不行，鸡蛋里挑骨头。" "Jiā bān jiā diǎn gàn de zhème lèi, Ōuyáng kēzhǎng yě bù biǎoyáng wǒmen." "Jiùshì ya! Tā zǒng shì shuō zhè ge bù hǎo nà ge bùxíng, jīdàn li tiāo gǔtou." (「残業でくたくたになるまで仕事しても、欧陽課長は評価してくれないね」。「まったくそうだ！ 課長はいつもここが良くない、あそこがだめだと言う。卵の中にも骨を見つけるなんだよ」。)

【用例2】徐小琳："老罗岁数比我大一轮，我担心婚后生活不能和谐相处。"赵大妈："小徐，你既然喜欢老罗，别鸡蛋里挑骨头，我看老罗人不错，跟你挺般配的。" Xú Xiǎolín: "Lǎo Luó suìshu bǐ wǒ dà yì lún, wǒ dān xīn hūn hòu shēnghuó bù néng héxié xiāngchǔ." Zhào dàmā: "Xiǎo Xú, nǐ jìrán xǐhuan Lǎo Luó, bié jīdàn li tiāo gǔtou, wǒ kàn Lǎo Luó rén búcuò, gēn nǐ tǐng bānpèi de." (徐小琳「羅さんはわたしより一回り年上だし、結婚してもうまくいかないのじゃないかと心配だわ」。趙さん「徐さん、羅さんが好きなら卵の中にも骨を見つけるのはおよしなさい。羅さんはとても良い人だから、あなたとはすごくお似合いだと思うよ」。)

第4章　三人寄れば無責任

〔72〕各人自扫门前雪，莫管他人瓦上霜
Gè rén zì sǎo mén qián xuě, mò guǎn tārén wǎ shang shuāng

我が家のために雪かきしても、よその家なら霜も払うな

【意味】　各自家の門の前の雪だけかいて、他人の家の瓦についた霜は払うな。自分のことだけをきちんとやって、他人事には関わるな。人の事より我が事。頭の上の蠅を追え。

【用法】　自分のことしかせず、他人に冷たい態度の人を見かけたときに批判して使う。また、他人事にはかかずらわるなと忠告するときにも使う。

【ポイント】「扫」（=掃）は掃く。「莫」は「～するな」。「管」はかまう。

【用例1】老人倒在地上，行人不敢去扶。各人自扫门前雪，莫管他人瓦上霜。都觉得多一事不如少一事，这是什么世道啊！　Lǎorén dǎozài dìshang, xíngrén bù gǎn qù fú. Gè rén zì sǎo mén qián xuě, mò guǎn tārén wǎ shang shuāng. Dōu juéde duō yí shì bùrú shǎo yí shì,　zhè shì shénme shìdào a!（老人が道で倒れても、道行く人は助け起こそうとしない。我が家のために雪かきしても、よその家なら霜も払うなで、みなやらないですむなら、やらないほうがよいと思っている。これは何という世の中だ！）

【用例2】"女友小琳跟她婆婆闹矛盾，要我去她家劝架，我要不要去？" "常言道：'各人自扫门前雪，莫管他人瓦上霜'，我劝你不要管她们了。"　"Nǚyǒu XiǎoLín gēn tā pópo nào máodùn, yāo wǒ qù tā jiā quàn jià, wǒ yào bu yào qù?" "Chángyán dào: 'Gè rén zì sǎo mén qián xuě, mò guǎn tārén wǎ shang shuāng', wǒ quàn nǐ búyào guǎn tāmen le."（「女友だちの小琳がお姑さんともめていて、わたしに彼女の家に来て仲裁してくれというの。行かなければならないかしら？」「ことわざにも我が家のために雪かきしても、よその家なら霜も払うなと言うでしょ。関わらない方がいいよ」。）

- 79 -

コラム──猫のことわざ

　猫は鼠を捕る。だが、日本のことわざでは「猫よりまし」「猫は長者の生まれ変わり」など、猫は仕事をしない存在と目されている。簡単にいえば、よりペットに近いのである。

　一方、中国のことわざでは益獣として、家を守る番犬とともに存在感を示す。

　例えば「**猫管库门，狗管大门**」Māo guǎn kù mén, gǒu guǎn dàmén（猫は倉を守り、犬は門を守る）や「**好猫护三家，好狗护四邻**」Hǎo māo hù sān jiā, hǎo gǒu hù sìlín（賢い猫や犬は隣り近所まで守る）という。倉とは、穀物倉庫のことだ。

　それだけではない。猫は犬と同様頭も良く、道を覚えるのが得意だと考えられている。例えば「**狗记三千，猫记八百**」Gǒu jì sānqiān, māo jì bābǎi（犬は三千里、猫は八百里の道を知る）などという。遠方に捨てられても、道を覚えていて家に戻ってくるからだ。

　飼い主は、益獣としての能力を引き出すために工夫する。例えば「**早喂猫，晚喂狗**」Zǎo wèi māo, wǎn wèi gǒu（猫の飯は朝、犬の飯は夜）などという。猫の餌は朝に与えなさいという意味だ。鼠は夜出てくるので、お腹をすかせた猫に捕えさせるのだ。

　それでも、人間の思う通りにはならないのが猫である。「**狗是忠臣，猫是奸臣**」Gǒu shì zhōngchén, māo shì jiānchén（犬は忠臣、猫は奸臣）、「**猫恋食，狗恋家**」Māo liàn shí, gǒu liàn jiā（猫は食に付き、犬は家に付く）などという。猫は「嘴馋」zuǐ chán（口卑しい）といわれる。飼い猫が、よその家でも餌をもらって食べていたりする。

　気ままで人なつこい天使か、狡猾な捕食家か、人を助けるハンターか。古今東西、猫はいくつもの顔を持つ。猫が愛されるゆえんであろう。

第5章

一口にして布袋腹はならず

〔73〕一口吃不成个胖子
Yì kǒu chībuchéng ge pàngzi

一口にして布袋腹はならず
（ほていばら）

【意味】一口食べただけでは、太った人にはならない。地道な積み重ねがあってこそ物事は成就するのだから、成功を焦ってはならない。成功に近道なし。

【用法】成功したいなら、忍耐強くとりくむよう諭すときに使う。

【ポイント】「吃」（＝喫）は食べる。「吃成〜」は食べて〜になる。「吃不成〜」は否定表現で、食べて〜になることはできない。「个」（＝箇）は「一个」（＝一箇）。「胖」は太る。「胖子」は太った人。転じて成功者、立派な人。太った人を良しとするのは、貧困や飢饉で食物が足りなかった時代の名残り。現在でも「太る」を婉曲に表現して「发福」（＝発福）ということがある。

【用例1】王芳："孩子啊，一口吃不成个胖子，平时要抓紧学习，才能考出好成绩。"Wáng Fāng："Háizi a, yì kǒu chībuchéng ge pàngzi, píngshí yào zhuājǐn xuéxí, cái néng kǎochū hǎo chéngjì."（王芳「お前ね、一口にして布袋腹はならず。ふだんからしっかり勉強してこそ、いい成績がとれるんだよ」。）

【用例2】"大哥，我朋友说，投资他的项目，半年后可以赚几十万。""小张，那肯定是骗局，一下子赚几十万，一口吃不成个胖子，哪有天上掉馅饼的事儿。"Dàgē, wǒ péngyou shuō, tóuzī tā de xiàngmù, bàn nián hòu kěyǐ zhuàn jǐ shí wàn." "Xiǎo Zhāng, nà kěndìng shì piànjú, yíxiàzi zhuàn jǐ shí wàn, yì kǒu chībuchéng ge pàngzi, nǎ yǒu tiānshàng diào xiànbǐng de shìr."（「兄貴、俺の友だちが、彼のプロジェクトに投資したら半年後何十万元も儲かるっていうのだが」。「張さんよ、そんなの絶対詐欺だ。あっという間に何十万元も儲かるなんて。一口にして布袋腹はならず。空からお焼きが降ってくるなんてことがあるはずないだろ」。）

第5章 一口にして布袋腹はならず

〔74〕只要工夫深，铁杵磨成针
Zhǐyào gōngfu shēn, tiěchǔ móchéng zhēn

精進すれば事は成る

【意味】根気よくやれば、鉄の杵(きね)を研いで針にすることができる。努力すれば、どんなことでも成就する。石の上にも三年。継続は力なり。

【用法】何かを成しとげようとするなら、時間をかけて根気よくやることだと諭すとき使う。また、努力している人を褒めるときに使う。

【ポイント】「只要〜」は〜しさえすれば。「工夫」は一つの事をするのにかける時間。「工夫深」は長い時間をかけて根気よくやる。「杵」はバット状の棒で、片方が太く、片方が細い。穀物を搗いたり、汚れを落とすために洗濯物を叩いたりするときなどに使う。「磨成针」(＝磨成針)は研いで針にする。

【参考】学校の『语文』(国語)の教科書に載ることわざ。次の話とともに教えられる。唐代の大詩人李白は、若いころ怠け者であった。あるとき外で、太い鉄の杵を磨いている老婆に遇う。何をしているのか尋ねると、杵を研いで刺繍針を作るのだという。老婆の志に発奮した李白はその後学問に励み、すぐれた詩人となったという。

【用例1】"妈妈，我学习成绩不好，对考大学没有信心。""浩然，你很聪明，就是不够努力，只要工夫深，铁杵磨成针。从现在开始好好儿加油吧！"
"Māma, wǒ xuéxí chéngjì bù hǎo, duì kǎo dàxué méi yǒu xìnxīn." "Hàorán, nǐ hěn cōngmíng, jiù shi búgòu nǔlì, zhǐyào gōngfu shēn, tiě chǔ móchéng zhēn. Cóng xiànzài kāishǐ hǎohāor jiā yóu ba!"(「母さん、僕は成績が良くないから、大学受験は自信がないよ」。「浩然、お前は頭が良いけれど努力が足りないんだよ。精進すれば事は成る。今からうんと頑張りなさい！」)

【用例2】只要工夫深，铁杵磨成针。杨跃进老师刻苦学习了十年，终于熟练地掌握了阿拉伯语。Zhǐyào gōngfu shēn, tiě chǔ móchéng zhēn. Yáng Yuèjìn lǎoshī kèkǔ xuéxíle shí nián, zhōngyú shúliàn de zhǎngwòle Ālābóyǔ.
(精進すれば事は成る。楊躍進先生は十年間一生懸命勉強して、ついに立派なアラビア語を習得した。)

- 83 -

〔75〕人无远虑，必有近忧

Rén wú yuǎnlǜ, bì yǒu jìn yōu

遠き 慮 りなければ近き憂い有り

【意味】 人、遠き慮りなきときは、必ず近き憂いあり。事を為すには、長期的視野と広い展望が必要だ。それらを欠くと、必ず目の前に心配事が出てくる。

【用法】 人生の目標を定めて思慮深く生きなさい、よく考えずに思いつきで行動していればすぐにうまくいかなくなると諭すときに使う。また、行き当たりばったりに生きている人を批判するときに使う。

【ポイント】 「无」（＝無）。「远虑」（＝遠慮）。「忧」（＝憂）。

【参考】 『論語』に見える。『論語』成立当時、すでに流布していたことわざと考えられる。

【用例1】"小刘的餐厅顾客越来越少，看来要关店了。""他只顾赚钱，不提高菜品质量和服务质量，人无远虑，必有近忧嘛！" "Xiǎo Liú de cāntīng gùkè yuèláiyuè shǎo, kànlái yào guān diàn le." "Tā zhǐgù zhuàn qián, bù tígāo càipǐn zhìliàng hé fúwù zhìliàng, rén wú yuǎnlǜ, bì yǒu jìn yōu ma！"
（「劉さんのレストランは客がますます減って、見たところ、もうすぐつぶれそうだ」。「彼は金儲けしか考えず、料理やサービスの質を上げようとしない。遠き慮りなければ近き憂いありだな！」）

【用例2】李震华："俗话说：'人无远虑，必有近忧。'公司里人才越来越多，为了自己的将来，就要不断提升自己，不然会被人取代。" Lǐ Zhènhuá："Súhuà shuō：'Rén wú yuǎnlǜ, bì yǒu jìn yōu'. Gōngsī li réncái yuèláiyuè duō, wèile zìjǐ de jiānglái, jiù yào búduàn tíshēng zìjǐ, bùrán huì bèi rén qǔdài."（李震華「ことわざに遠き慮りなければ近き憂いありという。会社の中で人材はどんどん増えている。将来のためには、絶えず自らをレベルアップさせることが必要だ。そうしなければ誰かに取って代わられてしまうだろう」。）

第5章　一口にして布袋腹はならず

〔76〕百闻不如一见
Bǎi wén bùrú yí jiàn

百聞は一見に如かず

【意味】百回聞いても、自分の目で一度見るのに及ばない。

【用法】誰もが知っている非常に有名な物を初めて実際に見て、どういう物か一目瞭然、よくわかった、というときに使う。人に対して使う場合は、相手の顔を立てる気持ちがある。外交辞令であり、相手は必ずしも非常に有名とは限らない。この後に「百见不如一干」（＝百见不如一幹）bǎi jiàn bùrú yí gàn（百見は一試に如かず）と続けることもある。「干」は（体を動かして）やる。

【ポイント】「不如〜」は〜に及ばない、〜の方が良い。「见」は目の当たりにする。

【用例1】今天到了长城，真正体会到了它的雄伟壮观。真是百闻不如一见。
Jīntiān dàole Chángchéng, zhēnzhèng tǐhuìdàole tā de xióngwěi zhuàngguān. Zhēnshi bǎi wén bùrú yí jiàn.（今日長城に行って真にその雄大さを実感した。まったく百聞は一見に如かずだ。）

【用例2】厂长刚走进车间，心直口快的康主任就说："您就是新来的郭厂长吧，百闻不如一见呀！" Chǎngzhǎng gāng zǒu jìn chējiān, xīnzhíkǒukuài de Kāng zhǔrèn jiù shuō: "Nín jiù shi xīn lái de Guō chǎngzhǎng ba, bǎi wén bùrú yí jiàn ya!"（工場長が生産現場に足を踏み入れると、思ったことはすぐ口に出してしまう性格の康主任が言った。「新任の郭工場長でいらっしゃいますね。百聞は一見に如かずだ！」）

【用例3】"震华，你知道银杏树分雌雄吗？雌树结果，雄树不结果。你看，这颗不结果，所以是雄树。""是嘛！李叔叔，真是百闻不如一见。"
"Zhènhuá, nǐ zhīdào yínxìng shù fēn cíxióng ma? Cí shù jiē guǒ, xióng shù bù jiē guǒ. Nǐ kàn, zhè kē jiē guǒ, suǒyǐ shì xióng shù." "Shì ma! Lǐ shūshu, zhēnshi bǎi wén bùrú yí jiàn."（「震華、イチョウの木がオスメスに分かれているのを知ってるかい？ メスの木は実がなるけど、オスの木はならない。ほら、この木はなっていない。だからオスだよ」。「そうなんだ！ 李叔父さん、本当に百聞は一見に如かずだね」。）

- 85 -

〔77〕千里之行始于足下

Qiān lǐ zhī xíng shǐ yú zú xià

千里の道も一歩から

【意味】長い道のりは、足の下の第一歩目から始まる。どんな大変な仕事も、とりあえずできるところから始めるしかない。

【用法】成功したいなら、一歩一歩地道に歩んで到達する以外に道はないと諭すとき使う。

【ポイント】「千里」はとても遠い距離。「千里之行」は長い道のりを行く旅。「始于足下」（＝始於足下）は足の下から始まる。つまり、第一歩目から始まる。

【用例1】王芳："儿子啊，千里之行始于足下。要想做成大事，先要做好眼前的小事。" Wáng Fāng: "Érzi a, qiānlǐ zhī xíng shǐ yú zú xià. Yào xiǎng zuòchéng dàshì, xiān yào zuòhǎo yǎnqián de xiǎoshì."（王芳「お前ね、千里の道も一歩からというでしょ。大事を成し遂げようとするなら、まず目の前の小さなことからきちんとやるんだね」。）

【用例2】"童教授，实验又失败了，我没信心了。""千里之行始于足下，不能因为这小小的失败而失去信心。" Tóng jiàoshòu, shíyàn yòu shībài le, wǒ méi xìnxīn le." "Qiān lǐ zhī xíng shǐ yú zú xià, bù néng yīnwèi zhè xiǎoxiǎo de shībài ér shīqù xìnxīn."（「童教授、また実験に失敗しました。わたしは自信をなくしました」。「千里の道も一歩からといいます。こんなちょっとした失敗で自信をなくしてはいけません」。）

第5章　一口にして布袋腹はならず

〔78〕不怕慢，只怕站
Bú pà màn, zhǐ pà zhàn

遅くてもいいが立ち止まるな

【意味】 ゆっくり歩くのはいい。ただ、立ち止まってはだめだ。続けさえ
すれば、物事は進んでゆく。

【用法】 根気よく、粘り強くやることが大切だというときに使う。学問や、
形になるまで長い時間を要する仕事に取り組む際の心構えを表す言葉
として使われることが多い。

【ポイント】「怕」は恐れる、心配する。「慢」は速度が遅い。「只」はただ。
「站」は立っている。

【用例1】"你自己织毛衣，很花时间吧！""俗话说：'不怕慢，只怕站'。
总会织好的。" "Nǐ zìjǐ zhī máoyī, hěn huā shíjiān ba!" "Súhuà shuō: 'Bú pà
màn, zhǐ pà zhàn'. Zǒng huì zhīhǎo de."（「自分でセーターを編むなんて、すご
く時間がかかるでしょう！」「ことわざに遅くてもいいが立ち止まるなというで
しょ。必ず編み上がるわよ」。）

【用例2】杨跃进老师多年来每天坚持学习阿拉伯语，现在一个人去中东旅
游，不需要翻译了。不怕慢，只怕站，他的坚持成功了。Yáng Yuèjìn lǎoshī
duō nián lái měi tiān jiānchí xuéxí Ālābóyǔ, xiànzài yí ge rén qù Zhōngdōng
lǚyóu, bù xūyào fānyì le. Bú pà màn, zhǐ pà zhàn, tā de jiānchí chénggōng le.
（楊躍進先生は長年にわたり、毎日アラビア語を勉強してきた。今では、一人
で中東へ旅行しても通訳がいらなくなった。遅くてもいいが立ち止まるな。先
生の頑張りは実った。）

- 87 -

〔79〕吃一堑，长一智

Chī yí qiàn, zhǎng yí zhì

つまずきが知恵を生む

【意味】 一回穴に落ちると、一つ知恵が増す。失敗は成功のもと。

【用法】 挫折したり、失敗したりしたことによって得た教訓を総括してい
うときに使う。「不经一事,不长一智」（＝不経一事,不長一智）Bù jīng yí shì,
bù zhǎng yí zhì（経験なくして英知なし）などともいう。

【ポイント】「吃」（＝喫）は食べる。ここでは、身に受けること。「堑」（＝
塹）は通行を遮る塹壕、堀。「长」（＝長）は増す。「智」は知恵。

【用例1】"我上当了，买了假古董。""俗话说：'吃一堑，长一智。'下次看
清楚了再买吧。""Wǒ shàng dàng le, mǎile jiǎ gǔdǒng." "Súhuà shuō: 'Chī yí
qiàn, zhǎng yí zhì.' Xià cì kànqīngchǔle zài mǎi ba."（「だまされて偽物の骨董
を買っちゃった」。「ことわざにも、つまずきが知恵を生むという。次はよく見
てから買いなさい」。）

【用例2】第一次去爬山时，下起了大雨，我雨衣也没带，冻得走不动了。
俗话说："吃一堑，长一智。"后来再去爬山时，我做足了准备，更不忘带
上雨衣。Dì yī cì qù pá shān shí, xiàqǐle dàyǔ, wǒ yǔyī yě méi dài, dòng de
zǒubudòng le. Súhuà shuō: "Chī yí qiàn, zhǎng yí zhì." Hòulái zài qù pá shān
shí, wǒ zuòzúle zhǔnbèi, gèng bú wàng dàishang yǔyī.（初めて山登りに行った
とき大雨に降られたが、わたしはレインコートも持っておらず、凍えて歩けな
くなってしまった。ことわざにもつまずきが知恵を生むという。その後また山
登りに行ったが、十分に下準備して、いうまでもなくレインコートを持って行
くことは忘れなかった。）

第5章　一口にして布袋腹はならず

〔80〕三天打鱼，两天晒网
Sān tiān dǎ yú, liǎng tiān shài wǎng

三日働きゃ二日は休み

【意味】三日魚を捕れば、二日網を乾かす。根気が足りず、飽きっぽく、何をやっても長続きしないことをいう。三日坊主。

【用法】物事（勉強、仕事など）に粘り強く取り組むことができず、しょっちゅう怠けたり欠席したりする人を批判するときに使う。

【ポイント】「打鱼」（＝打魚）は魚を捕る。「晒」は日にあてて乾かす。「网」（＝網）はここでは漁網。

【用例1】"老师，我已经学了三年阿拉伯语了，口语能力还是老样子。""你经常上课缺席，三天打鱼，两天晒网，怎么会进步呢？" "Lǎoshī, wǒ yǐjīng xuéle sān nián Ālābóyǔ le, kǒuyǔ nénglì háishi lǎo yàngzi." "Nǐ jīngcháng shàng kè quē xí, sān tiān dǎ yú, liǎng tiān shài wǎng, zěnme huì jìnbù ne？"
（「先生、わたしはもう3年もアラビア語を習ってきたのに、話す力は相変わらず元のままです」。「あなたはしょっちゅう授業を欠席していますね。三日働きゃ二日は休みでは、どうしてうまくなれるでしょう？」）

【用例2】"你看我每天坚持锻炼，体重减了五公斤。""我应该向你学习。减肥我从来坚持不下去，总是三天打鱼，两天晒网。" "Nǐ kàn wǒ měi tiān jiānchí duànliàn, tǐzhòng jiǎnle wǔ gōngjīn." "Wǒ yīnggāi xiàng nǐ xuéxí. Jiǎn féi wǒ cónglái jiānchíbuxiàqu, zǒng shì sān tiān dǎ yú, liǎng tiān shài wǎng."
（「ねえ、毎日がんばってトレーニングを続けていたら、体重が5キロ減ったのよ」。「わたしも見習わなくちゃ。これまでダイエットは全然続けられなくて、いつも三日働きゃ二日は休みだったのよ」。）

- 89 -

〔81〕一寸光阴一寸金，寸金难买寸光阴

Yí cùn guāngyīn yí cùn jīn, cùn jīn nán mǎi cùn guāngyīn

時は金でも金では買えぬ

【意味】時間は大切だ。日陰が一寸移動するわずかな時間も、一寸の金と同じくらい貴い。そして一寸の金ではそのわずかな時間を買うことはできない。時は金なり。

【用法】時間を大切にしなければいけない、と戒めるとき使う。

【ポイント】「一寸」は約3㎝。「光阴」（＝光陰）は昼と夜で、時間のこと。「一寸光阴」は日陰が一寸移動するのにかかるわずかな時間。「一寸金」は一寸の長さの金。「难买」（＝難買）は買うことが難しい。

【用例1】儿子："爸，我要边上大学边打工，攒下钱去游玩儿。"父亲："俊熙，四年的时间一晃就过去了，一寸光阴一寸金，寸金难买寸光阴，你应该集中精力好好儿读书。"Érzi: "Bà, wǒ yào biān shàng dàxué biān dǎ gōng, zǎnxià qián qù yóuwánr." Fùqin: "Jùnxī, sì nián de shíjiān yì huǎng jiù guòqù le, yí cùn guāngyīn yí cùn jīn, cùn jīn nán mǎi cùn guāngyīn, nǐ yīnggāi jízhōng jīnglì hǎohāor dú shū."（息子「父さん、大学に通いながらアルバイトをして、お金がたまったら遊びに行きたいな」。 父「俊熙、四年間はあっという間に過ぎてしまうぞ。時は金でも金では買えぬだ。気を散らさぬようにしてよく勉強しなければだめだ」。）

【用例2】"梓涵，你下个月要去日本留学了，现在很忙吧？""忙呀！ 我现在坐电车时也在学日语，一寸光阴一寸金，寸金难买寸光阴嘛！" "Zǐhán, nǐ xià ge yuè yào qù Rìběn liú xué le, xiànzài hěn máng ba?" "Máng ya! Wǒ xiànzài zuò diànchē shí yě zài xué Rìyǔ, yí cùn guāngyīn yí cùn jīn, cùn jīn nán mǎi cùn guāngyīn ma!"（「梓涵、来月日本へ留学だね。今、忙しいでしょう？」「忙しいわ！ 今は電車に乗っているときも日本語を勉強しているの。時は金でも金では買えぬだわ！」）

第5章　一口にして布袋腹はならず

〔82〕 人是铁，饭是钢

Rén shì tiě, fàn shì gāng

飯は力のもと

【意味】 人は鉄だが、ご飯を食べると 鋼 になる。人は食事をして初めて
力が湧き、仕事をしたり活動したりすることができようになる。腹が減
っては 戦 が出来ぬ。

【用法】 よい働きをしようとするなら腹ごしらえが肝心だ。だからきちん
と食事を摂ろう、と勧めるときに使う。二句目に「一顿不吃饿得慌」（＝
一頓不喫餓得慌）Yí dùn bù chī ède huāng （一度でも食事を抜けば、ひもじく
てどうにもならない＝一度抜けても耐えられぬ）が続くことがある。

【ポイント】「饭」（＝飯）は食事。「钢」（＝鋼）は熱処理した鋼鉄。鉄より硬
く、強い。

【用例 1】"真糟糕！ 机器发生故障了，修理需要一些时间，今晚不得不加
班了。""人是铁，饭是钢。我们先去吃饭，打起精神再修理吧。" "Zhēn
zāogāo! Jīqì fāshēng gùzhàng le, xiūlǐ xūyào yì xiē shíjiān, jīnwǎn bùdé bù jiā
bān le." "Rén shì tiě, fàn shì gāng. Wǒmen xiān qù chī fàn, dǎqǐ jīngshén zài
xiūlǐ ba."（「くそっ！ 機械が故障したぞ。修理には少し時間がかかるから、今
晩は残業しなきゃならないな」。「飯は力のもとといいます。先ずは食事に行っ
て、元気をつけてから修理しましょう」。）

【用例 2】"我在减肥，不想吃饭。""人是铁，饭是钢。不吃饭，身体坏了，
减肥有什么用？" "Wǒ zài jiǎn féi, bù xiǎng chī fàn." "Rén shì tiě, fàn shì gāng.
Bù chī fàn, shēntǐ huài le, jiǎn féi yǒu shénme yòng？"（「わたしはダイエット
中なの。ご飯は食べたくないわ」。「飯は力のもとだよ。ご飯を食べないで身体
をこわしてしまったら、ダイエットに何の意味があるの？」）

- 91 -

〔83〕 己所不欲勿施于人

Jǐ suǒ bú yù wù shī yú rén

おのれの欲せざるところを人に施すことなかれ

【意味】 自分がしてほしくないことを人にしてはならない。わが身をつね
って人の痛さを知れ。

【用法】 自分がされたくないことを人にしてはならない、と自分や人を戒
めるときに使う。

【ポイント】「欲」は望むこと。「所」は後ろに置かれた動詞の意味を内容と
する物、事。「所不欲」で望まない事。「勿～」は～してはならない。「施
于～」（＝施於）は～に押し付ける。

【参考】『論語』に、あるとき弟子から「一生を通じて行動の指針とする
べき名言はないか」と問われた孔子が、この言葉を発したとある。当時
すでにことわざとして使われていたと考えられる。

【用例1】 白云：" 这点心我不爱吃，送人吧。" 王子轩：" 己所不欲勿施于
人，你不爱吃，别人也可能不爱吃呀！" Bái Yún: "Zhè diǎnxīn wǒ bú ài chī,
sòng rén ba." Wáng Zǐxuān: "Jǐ suǒ bú yù wù shī yú rén, nǐ bú ài chī, biérén
yě kěnéng bú ài chī ya!"（白雲「このお菓子は好きじゃないから、誰かにあげ
ちゃおう」。王子軒「おのれの欲せざるところを人に施すなかれっていうだろ。
あんたが好きじゃないなら、他の人だって好きじゃないよ！」）

【用例2】 赵帅："这个工作很麻烦，我不想接受。" 陆涛："那就让你的手
下去做吧。" 赵帅："己所不欲勿施于人！ 还是我来做吧。" Zhào Shuài:
"Zhè ge gōngzuò hěn máfan, wǒ bù xiǎng jiēshòu." Lù Tāo: "Nà jiù ràng nǐ de
shǒuxià qù zuò ba." Zhào Shuài: "Jǐ suǒ bú yù wù shī yú rén! Háishi wǒ lái
zuò ba."（趙帥「この仕事は面倒だから引き受けたくないな」。陸濤「それなら
部下にやらせなさいよ」。趙帥「おのれの欲せざるところを人に施すなかれ！ や
っぱり僕がやろう」。）

- 92 -

第5章　一口にして布袋腹はならず

〔84〕没做亏心事，不怕鬼叫门

Méi zuò kuī xīn shì, bú pà guǐ jiào mén

やましさなければ恐れなし

【意味】やましい事をしていないなら、地獄の獄卒が扉の外で開けろと叫んでも恐れることはない。良心に恥じることをしていないなら、恐れるものは何もない。

【用法】やましいことをしていないので、誰に何を言われても恐れることはないというときに使う。また、人に対し、やましいことは何もしていないのだから、何か言われても気にするなというときにも使う。「平时不做亏心事，何怕阎王叫三更」(＝平時不做虧心事, 何怕閻王叫三更) Píngshí bú zuò kuī xīn shì, hé pà Yánwáng jiào sān gēng (やましいことをしなければ、閻魔様とて恐くない) などともいう。

【ポイント】「做」はする。「亏」(＝虧) は背く。「亏心事」は心に背く事、やましい事。「不怕」は恐れない。「叫门」(＝叫門) は扉の外から家の中に出てくるように呼びかける。「鬼」は地獄の獄卒である幽霊。

【用例1】"子轩，听说你和朱薇薇常常微信聊天，她有丈夫，当心被人说闲话。""我和她都是中国花滑的超级粉丝，没做亏心事，不怕鬼叫门，让别人议论去吧。" "Zǐxuān, tīng shuō nǐ hé Zhū Wēiwei chángcháng Wēixìn liáo tiān, tā yǒu zhàngfu, dāngxīn bèi rén shuō xiánhuà." "Wǒ hé tā dōu shì Zhōngguó huā huá de chāojí fěnsī, méi zuò kuī xīn shì, bú pà guǐ jiào mén, ràng biérén yìlùn qù ba." (「子軒、お前は朱薇薇としょっちゅう微信[ウィーチャット]で会話しているそうだが、彼女には夫がいるんだ。人につまらない噂をされないように気をつけろ」。「俺と彼女は中国のフィギュアスケートの大ファンなんだ。やましさなければ恐れなし。他人にはあれこれ言わせておけばいいさ」。)

【用例2】"爸，对面老张家被盗窃了，警察怀疑是熟人干的。""我们没做亏心事，不怕鬼叫门。""Bà, duìmiàn Lǎo Zhāng jiā bèi dàoqiè le, jǐngchá huáiyí shì shúrén gàn de." "Wǒmen méi zuò kuī xīn shì, bú pà guǐ jiào mén." (「父さん、向かいの張さんの家で盗みがあったんだって。警察は顔見知りの犯行を疑っているそうだよ」。「俺たちはやましさなければ恐れなしだ」。)

- 93 -

〔85〕人不可貌相，海水不可斗量

Rén bùkě mào xiàng, hǎishuǐ bùkě dǒu liàng

人は見かけによらぬもの、海は升では量れぬもの

【意味】 人は容貌では判断できず、海水は升では量れない。

【用法】 人の能力や品格は、見かけだけでは判断できないことを指して使う。一句目に重点があり、単独でも使う。

【ポイント】「不可～」は～できない。「相」は観相の相。「貌相」は顔で判断する。「斗」は升。「量」は量を計る。

【用例1】"新来的厂长看上去普普通通的，做起事来却比前任厂长强得多。""俗话说得好：'人不可貌相，海水不可斗量。'" "Xīn lái de chǎngzhǎng kànshàngqu pǔpǔtōngtōng de, zuòqǐ shì lái què bǐ qiánrèn chǎngzhǎng qiáng de duō." "Súhuà shuō de hǎo:'Rén bùkě mào xiàng, hǎishuǐ bùkě dǒu liáng.'"（「新しく来た工場長は、見かけはごく平凡だけれど仕事を始めたら前任の工場長よりもずっとやり手だね」。「ことわざにいう通り、人は見かけによらぬもの、海は升では量れぬものだね」。）

【用例2】很健壮的欧阳科长喜欢裁剪，常给他太太做衣服。他太太很文静，却爱好跆拳道，真是人不可貌相，海水不可斗量。 Hěn jiànzhuàng de Ōuyáng kēzhǎng xǐhuan cáijiǎn, cháng gěi tā tàitai zuò yīfu. Tā tàitai hěn wénjìng, què àihào táiquándào, zhēnshi rén bùkě mào xiàng, hǎishuǐ bùkě dǒu liáng.（筋骨たくましい欧陽課長は裁縫が好きで、しょっちゅう奥さんのために服を縫っている。奥さんは物静かな人だがテコンドーが趣味だ。まったく人は見かけによらぬもの、海は升では量れぬものだ。）

【用例3】人不可貌相，都说那位老师是一个好老师，可没想到他会对女学生性骚扰。 Rén bùkě mào xiàng, dōu shuō nà wèi lǎoshī shì yí ge hǎo lǎoshī, kě méi xiǎngdào tā huì duì nǚ xuésheng xìngsāorǎo.（人は見かけによらぬものだ。皆があの先生は良い先生だといっていたのに、まさか女子学生にセクハラをしたとは。）

- 94 -

第5章　一口にして布袋腹はならず

〔86〕不懂装懂，一辈子饭桶
Bù dǒng zhuāng dǒng, yíbèizi fàntǒng

知ったかぶりは一生能なし

【意味】わからないのにわかったふりをしていると進歩がストップするので、一生無能なままで終わる。

【用法】わかったふりをする人を諭したり、批判したりするときに使う。

【ポイント】「懂」はわかる。「装〜」は〜のふりをする。「不懂装懂」はわからないのにわかったふりをする。「一辈子」(=一輩子)は一生。「饭桶」(=飯桶)は飯びつ。食堂等でご飯を運ぶために用いる大型のおけを指すこともある。転じて「無能なくせに大飯を食う奴」という意味の罵り言葉。能なし。穀つぶし。

【用例1】"师傅，我又做错了。""小汪，你不是说懂了吗？不懂装懂，一辈子饭桶，再好好儿学。" "Shīfu, wǒ yòu zuòcuò le." "Xiǎo Wāng, nǐ bú shì shuō dǒng le ma？ Bù dǒng zhuāng dǒng, yíbèizi fàntǒng, zài hǎohāor xué." (「親方、またしくじりました」。 「汪よ、お前はわかったと言ってたじゃないか？知ったかぶりは一生能なし。もう一度よく勉強しなさい」。)

【用例2】"新来的科长很爱面子，不懂的事也不问问，老是放不下架子。""不懂装懂，一辈子饭桶。欧阳科长是自欺欺人。" "Xīn lái de kēzhǎng hěn ài miànzi, bù dǒng de shì yě bú wènwen, lǎo shì fàngbuxià jiàzi." "Bù dǒng zhuāng dǒng, yíbèizi fàntǒng. Ōuyáng kēzhǎng shì zìqīqīrén." (「新しく来た課長はメンツを気にして、わからなくても質問しない。常に格好つけるのをやめられないんだ」。「知ったかぶりは一生能なし。欧陽課長は自分にも人にもきちんと向き合おうとしない」。)

- 95 -

〔87〕害人之心不可有，防人之心不可无
Hài rén zhī xīn bùkě yǒu, fáng rén zhī xīn bùkě wú

人を害するな、人に害されるな

【意味】 人を傷つけたり陥れたりするようなことを考えてはならないが、人に傷つけられたり陥れられたりしないように警戒する心構えは、絶対に必要だ。

【用法】 自分を守るために必要な最低限の警戒心は、必ず持たなければならないと諭すとき使う。重点は一句目ではなく、二句目にある。

【ポイント】「害」は損なう。「不可～」は～してはならない。「防」は警戒する。「不可无」(＝不可無)はなくてはならない。不可欠だ。

【用例1】闺蜜对我说：“华茵多次在朋友之间制造矛盾，还想把责任推到你身上。害人之心不可有，防人之心不可无。你别太好心，要防着她一点儿。”
Guīmì duì wǒ shuō: "Huà Yīn duō cì zài péngyou zhī jiān zhìzào máodùn, hái xiǎng bǎ zérèn tuīdào nǐ shēnshang. Hài rén zhī xīn bùkě yǒu, fáng rén zhī xīn bùkě wú. Nǐ bié tài hǎoxīn, yào fángzhe tā yìdiǎnr." (女の親友がわたしにいった。「華茵は何度も友だち同士を仲違いさせて、しかもそれをあなたのせいにしようとしている。人を害するな、人に害されるなだよ。善意だけじゃだめ。彼女には気を付けて」。)

【用例2】“听说洪梅梅作风不好，你少跟她交往。害人之心不可有，防人之心不可无。”“妈妈，是别人不了解她，其实她人很好。”“Tīng shuō Hóng Méimei zuòfēng bù hǎo, nǐ shǎo gēn tā jiāowǎng. Hài rén zhī xīn bùkě yǒu, fáng rén zhī xīn bùkě wú." "Māma, shì biérén bù liǎojiě tā, qíshí tā rén hěn hǎo. " (「洪梅梅は素行が良くないらしいよ。あまり付き合わないようにしなさい。人を害するな、人に害されるなだよ」。「母さん、他の人は彼女のことがわかっていないんだよ。本当はすごくいい子だよ」。)

第5章　一口にして布袋腹はならず

〔88〕养兵千日，用兵一时
Yǎng bīng qiān rì, yòng bīng yìshí

千日の備えはこの日のために

【意味】長い時間をかけて兵を整え、一朝事あるときに発動する。日頃か
　　らよく準備を整えておくのは、肝心かなめのときに力を発揮するためだ。

【用法】平素蓄えた力を存分に発揮するよう、活を入れるときに使う。

【ポイント】「养兵」（＝養兵）は軍を創設し、軍備を整え、各方面の人材を
　　養成すること。「兵」は軍隊。「千日」は長い時間。「用兵」は軍を発動
　　すること。「一时」（＝一時）は短い時間。ここでは、肝心かなめのとき。

【参考】首長が軍に出動を命じるときに使う。例えば、「养兵千日，用兵
　　一时，战争开始了！战士们上前线拼吧！」Yǎng bīng qiān rì, yòng bīng
　　yìshí, zhànzhēng kāishǐ le! Zhànshìmen shàng qiánxiàn pīn ba！（千日の備え
　　はこの日のために。戦いは始まった！　戦士たちよ、前線に出て奮闘せよ！）

【用例1】"李叔叔，下星期要高考了，压力很大呀！""震华，多年来的努力，
　　就是为了能考上大学。养兵千日，用兵一时，相信自己，加油！" "Lǐ shūshu,
　　xià xīngqī yào gāokǎo le, yālì hěn dà ya!" "Zhènhuá, duōnián lái de nǔlì, jiù
　　shì wèile néng kǎoshàng dàxué. Yǎng bīng qiān rì, yòng bīng yìshí, xiāngxìn
　　zìjǐ, jiā yóu!"（「李叔父さん、来週は大学統一入試なので、すごいプレッシャー
　　だよ！」「震華、長年努力してきたのは大学合格のためだろ。千日の備えはこの
　　日のために。自分を信じて、がんばれ！」）

【用例2】宋梓涵："我想报名参加这次演讲比赛，我的水平能不能参加？"
　　日语老师："你应该参加。你一直在学习日语，养兵千日，用兵一时。发
　　挥你的实力吧！"Sòng Zǐhán："Wǒ xiǎng bàomíng cānjiā zhè cì yǎnjiǎng bǐsài,
　　wǒ de shuǐpíng néng bu néng cānjiā?" Rìyǔ lǎoshī："Nǐ yīnggāi cānjiā. Nǐ yìzhí
　　zài xuéxí Rìyǔ, yǎng bīng qiān rì, yòng bīng yìshí. Fāhuī nǐ de shílì ba!"（宋梓
　　涵「今度のスピーチコンテストに応募したいのですが、わたしのレベルで大丈
　　夫でしょうか？」　日本語の先生「参加するべきです。あなたはずっと日本語を
　　勉強してきました。千日の備えはこの日のために。本領を発揮してがんばりな
　　さい！」）

- 97 -

コラム——旅のことわざ

　中国には、旅に関することわざがたくさんある。

　よく知られるのが「路从口中找」Lù cóng kǒu zhōng zhǎo　（道は口からさがすもの）、「鼻子底下就是路」Bízi dǐxia jiù shì lù（鼻の下から道が通じる）である。「鼻の下」とは口を指す。具体的な地名が入って「鼻子底下通北京」〜 tōng Běijīng（鼻の下は北京に通じる）などと言ったりもする。いずれも口を開いて道を尋ねるのが大事で、旅はそこから始まるという意味である。

　ただ、道をきちんと教えてもらおうとすれば、それなりの礼儀をわきまえていないといけない。例えば「多喊一声哥，少走十里坡」Duō hǎn yì shēng gē, shǎo zǒu shí lǐ pō（一言兄さんと呼べば、十里の坂道を通らずにすむ。＊中国の里は500m）ということわざがある。「兄さん」と声をかけるのは相手を立てた言い方で、礼儀正しく尋ねれば近道を教えてもらえるという意味である。

　ヨーロッパ諸国には「舌があればローマまで行ける」、ロシアには「舌はキエフまで連れていってくれる」ということわざがある。口を開いて尋ねることから旅が始まるという中国のことわざもこれらと発想が共通している。

　このことわざは、徒歩の旅と切り離せない。現代では耳にしないが、日本でも明治期までは「口があれば京に上る」という同じ発想のことわざが使われていた。徒歩の旅が減るとともに忘れられたのだろうか。

　70年代から80年代にかけて上海で学生生活を送った中国の友人（男性、1955年生まれ）から、当時旅で1日30kmくらい歩くのは当たり前だったと聞き、驚いたことがある。

　21世紀に入り、中国でも高速鉄道と高速道路が整備された。この友人も車を買い、旅行は運転して行く。移動はすべて自動運転の空飛ぶ車という時代になれば、世界各地に存在しているこのようなことわざも忘れられていくのだろうか。

第6章

立派に死ぬより這っても生きよ

〔89〕好死不如赖活着
Hǎo sǐ bùrú lài huózhe

立派に死ぬより這っても生きよ

【意味】 立派な死は惨めな生に及ばない。どんなに惨めな境遇でも、生きているほうがいい。人は死んだら終わりだ。死んで花実が咲くものか。

【用法】 みじめな境遇だが、それでも生きていたいと考えたときに使う。また、落ち込んでいる人に対して、死んではいけないと諭すときに使う。

【ポイント】「好死」は立派な死に方。「不如～」は「～に及ばない」。「赖」(=頼)は悪い、劣っている。「活」は生きる。

【用例1】"以前经常受到前夫的暴力，受不了的时候，真想一死了之。可是，我有孩子，怎么能寻死呢！" "好死不如赖活着，为了孩子更不能死。"
　　 "Yǐqián jīngcháng shòudào qiánfū de bàolì, shòubuliǎo de shíhou, zhēn xiǎng yì sǐ liǎo zhī. Kěshì, wǒ yǒu háizi, zěnme néng xín sǐ ne!" "Hǎo sǐ bùrú lài huózhe, wèile háizi gèng bù néng sǐ."（「以前先夫にしょっちゅう暴力をふるわれて、耐えがたいときには、本当に一思いに死んで終わりにしたいと思った。でも、わたしには子どもがいる。死ねるもんですか！」「立派に死ぬより這っても生きよ。子どものためなら、なおのこと死んでなんていられないよね」。）

【用例2】"去年失业后，我一直在找工作，但至今没找到。生活困难心情失落，我不想活了。" "你千万别寻短见，好死不如赖活着，我帮你一起找，一定会找到的。" "Qùnián shīyè hòu, wǒ yìzhí zài zhǎo gōngzuò, dàn zhìjīn méi zhǎodào. Shēnghuó kùnnan xīnqíng shīluò, wǒ bù xiǎng huó le." "Nǐ qiānwàn bié xín duǎnjiàn, hǎo sǐ bùrú lài huózhe, wǒ bāng nǐ yìqǐ zhǎo, yídìng huì zhǎodào de."（「去年失業してからずっと仕事を探してきたのに、今も見つからない。生活は苦しいし気分も落ち込んで、もう死にたくなった」。「絶対死のうなんて思ってはだめだよ。立派に死ぬより這っても生きよ。一緒に探せば、きっと見つかるよ」。）

- 100 -

第6章　立派に死ぬより這っても生きよ

〔90〕好了伤疤忘了疼
Hǎole shāngbā wàngle téng

傷が癒えれば痛さを忘れる

【意味】苦しかった事（挫折、失敗）も、過ぎ去れば忘れてしまう。喉元過ぎれば熱さを忘れる。

【用法】苦い経験を生かさず、同じ過ちを犯す人を揶揄、批判して使う。

【ポイント】「伤疤」（＝傷疤）は傷口が治った後に残った跡、傷跡。「疼」は痛い。

【用例 1】上次姐姐失恋后很受伤，说再也不恋爱了。可是现在又谈恋爱了，真是好了伤疤忘了疼。Shàng cì jiějie shī liàn hòu hěn shòu shāng, shuō zài yě bú liàn'ài le. Kěshì xiànzài yòu tán liàn'ài le, zhēnshi hǎole shāngbā wàngle téng.（姉は前の失恋でとても傷ついて、もう二度と恋愛なんかしないといっていた。でも今また恋愛を始めた。まったく傷が癒えれば痛さを忘れるなんだから。）

【用例 2】"听说刘军又迷起麻将赌博了。""是的，我以为他输了那么多钱，不会再赌了。这就叫好了伤疤忘了疼。" "Tīng shuō Liú Jūn yòu míqǐ májiàng dǔbó le." "Shì de, wǒ yǐwéi tā shūle nàme duō qián, bú huì zài dǔ le. Zhè jiù jiào hǎole shāngbā wàngle téng."（「劉軍君が、また賭けマージャンに入れ揚げているんだって」。「そうなんだ。彼はあんなにたくさんのお金をすったんだから、もうバクチはやらないものと思っていたよ。こういうのを傷が癒えれば痛さを忘れるという」。）

- 101 -

〔91〕不当家不知柴米价

Bù dāng jiā bù zhī cháimǐ jià

遣り繰り知らずの苦労知らず

【意味】 家の遣り繰りをしなければ、まきや米の値段はわからない。自分で家の遣り繰りをし、生活必需品がどんなに高いかを知ると、無駄遣いをしなくなる。

【用法】 漫然とむだ遣いする人を批判するときに使う。また、責任ある地位についた人が、出世前より苦労している様を形容するときに使う。

【ポイント】「不〜不…」は、〜しないなら…しない。「当家」は家の遣り繰りをすること。「柴米」は、まきと穀物。転じて、生活必需品。「米」mǐ は、穀類や他の植物の殻や皮を取り去った種子。大米（コメ）、小米（アワ）、花生米（ピーナッツ）など。「价」（＝価）は値段。

【用例1】"老婆，最近物价又上涨了，我每月的零用钱总是不够花。""老公，你是不当家不知柴米价，这个月你外面交际太多了，花了很多钱，下个月你来当家吧。" "Lǎopó, zuìjìn wùjià yòu shàngzhǎng le, wǒ měi yuè de língyòngqián zǒng shì búgòu huā." "Lǎogōng, nǐ shì bù dāng jiā bù zhī cháimǐ jià, zhè ge yuè nǐ wàimian jiāojì tài duō le, huāle hěn duō qián, xià ge yuè nǐ lái dāng jiā ba."（「奥さん、最近物価がまた上がったね。毎月の小遣いがいつも足りないよ」。「あなたは遣り繰り知らずの苦労知らずよ。今月は外の付き合いが多くて、たくさんお金を使っているわ。来月はあなたが遣り繰りしてちょうだい」。）

【用例2】"小张当了店长，经常创新菜品，以前当厨师时没这么辛苦。""这就叫不当家不知柴米价，他为了做好餐厅，以前不管的事，现在也得管了。" "Xiǎo Zhāng dāngle diànzhǎng, jīngcháng chuàngxīn càipǐn, yǐqián dāng chúshī shí méi zhème xīnkǔ." "Zhè jiù jiào bù dāng jiā bù zhī cháimǐ jià, tā wèile zuòhǎo cāntīng, yǐqián bù guǎn de shì, xiànzài yě děi guǎn le."（「張さんは店長になってからしょっちゅう新メニューを開発している。以前コックだったときは、こんなに大変ではなかった」。「遣り繰り知らずの苦労知らずだな。レストランをまわしていくために、前はやらずにすんでいたことも今はやらねばならなくなったんだ」。）

- 102 -

第6章 立派に死ぬより這っても生きよ

〔92〕江山易移，本性难改
Jiāngshān yì yí, běnxìng nán gǎi

国変わるとも人は変わらず

【意味】 国の政権交替はたやすく、人の性根を変えるのは難しい。人が性格や習慣を変えるのは難しい。

【用法】 良いとはいえない習慣を改められない人を形容したり、非難したりするとき使う。「蛇入竹筒，曲性犹在」（＝蛇入竹筒，曲性猶在）Shé rù zhútǒng, qū xìng yóu zài（竹筒に入ったからといって蛇が曲がらなくなったわけではない＝どんなに伸ばしても蛇はまたくねる）などともいう。

【ポイント】「江山」は川と山。転じて国、国の政権。「易」は容易である。「移」は変わる。「难改」（＝難改）は改めることが難しい。

【用例1】"刚结婚时，丈夫发誓要戒烟，过了二十年了，也没戒掉。""这就是江山易移，本性难改。"Gāng jié hūn shí, zhàngfu fā shì yào jiè yān, guòle èrshí nián le, yě méi jièdiào." "Zhè jiù shì jiāngshān yì yí, běnxìng nán gǎi."（「結婚したてのとき夫は禁煙すると誓ったのに、二十年たってもまだできていないわ」。「そういうのを国変わるとも人は変わらずと言う」。）

【用例2】"小汪出了监狱以后，老实了不少。""常言道："江山易移，本性难改"。希望他重新做人，不再犯罪入狱。""Xiǎo Wāng chūle jiānyù yǐhòu, lǎoshíle bù shǎo." "Chángyán dào: 'Jiāngshān yì yí, běnxìng nán gǎi'. Xīwàng tā chóngxīn zuòrén, bú zài fàn zuì rù yù."（「汪さんは刑務所を出てから、だいぶまじめになった」。「ことわざにも国変わるとも人は変わらずという。すっかり更生して、二度と刑務所に入りませんように」。）

〔93〕照葫芦画瓢
Zhào húlu huà piáo

ヒョウタンを見てひさごを描く

【意味】 見よう見まねでやる。

【用法】 物事のやり方を正式に教わったわけではないが、似た物や似た事をよく観察して、それをまねてなんとかやり遂げたり、仕上げたりするときに使う。「照猫画虎」（＝照猫画虎）Zhào māo huà hǔ（猫を見て虎を描く）などともいう。

【ポイント】「照〜」は〜をまねて。「葫芦」（＝葫蘆）はヒョウタン。「画」（＝画）は絵を描く。「瓢」（＝瓢）はヒョウタンで作ったひしゃく（＝ひさご）。乾かしたヒョウタンを縦に割り、わたを取り出して作る。

【用例1】"我当上 PTA 干部了，担心当不好。""不用担心，参照上一届的工作记录，照葫芦画瓢就行。" "Wǒ dāngshàng PTA gànbù le, dān xīn dāngbuhǎo." "Búyòng dān xīn, cānzhào shàng yí jiè de gōngzuò jìlù, zhào húlu huà piáo jiù xíng."（「PTA の役員になったのだけれど、きちんとできるか心配だわ」。「心配することないわ。前期の役員がした仕事の記録を参考にして、ヒョウタンを見てひさごを描く式にやればできるわよ」。）

＊この例文は日本の学校をイメージしている。中国の学校には保護者の組織として家长委员会 Jiāzhǎng wěiyuánhuì があるが、活動内容は PTA とは異なる

【用例2】"你先生做的这件连衣裙挺不错！ 款式简洁不会过时。""他看到邻居穿的连衣裙款式很好看，照葫芦画瓢，给我做了这件。" "Nǐ xiānsheng zuò de zhè jiàn liányīqún tǐng búcuò！Kuǎnshì jiǎnjié, bú huì guò shí." "Tā kàndào línjū chuān de liányīqún kuǎnshì hěn hǎokàn, zhào húlu huà piáo, gěi wǒ zuòle zhè jiàn."（「ご主人が作ったこのワンピースはとてもすてきね！デザインがシンプルだから、流行遅れにならないわね」。「彼は近所の人が着ていたワンピースのデザインがとてもきれいなのを見て、ヒョウタンを見てひさごを描く式にこれを作ってくれたのよ」。）

- 104 -

第6章　立派に死ぬより這っても生きよ

〔94〕这山望着那山高
Zhè shān wàngzhe nà shān gāo

隣の山は高い

【意味】こっちの山から眺めると、あっちの山の方が高く見える。他人の
　仕事、待遇、状況をうらやましがる。隣の芝生は青い。

【用法】意志が弱くて移り気な人や、高望みし過ぎる人を批判して使う。

【ポイント】「这」はこの。「那」はあの。「望」は遠望する。眺める。「望着」
　は眺めている。

【用例1】"妈，我现在的工作很辛苦，想改行。""你呀！ 这山望着那山高，
　世上的工作都不轻松的。" "Mā, wǒ xiànzài de gōngzuò hěn xīnkǔ, xiǎng gǎi
　háng." "Nǐ ya! Zhè shān wàngzhe nà shān gāo, shìshàng de gōngzuò dōu bù
　qīngsōng de."（「母さん、今の仕事はすごくきついから、転業したい」。「お前ね！
　隣の山は高い、なんだよ。世の中に楽な仕事なんてありはしないよ」。）

【用例2】"爸妈，你们给我找的相亲对象，虽然有自己名下的房子，月薪一
　万多，但是身高跟我差不多，我不要。""梦霏，不要这山望着那山高！ 要
　求这么高，永远找不到对象了！" "Bà mā, nǐmen gěi wǒ zhǎo de xiāngqīn
　duìxiàng, suīrán yǒu zìjǐ míngxià de fángzi, yuèxīn yí wàn duō, dànshì
　shēngāo gēn wǒ chàbuduō, wǒ bú yào." "Mèngfēi, búyào zhè shān wàngzhe
　nà shān gāo! Yāoqiú zhème gāo, yǒngyuǎn zhǎobudào duìxiàng le!"（「父さん
　母さんがさがしてくれた見合いの相手は、本人名義の家があって月給は一万元
　以上あるけど、身長がわたしとさして違わないからいやだわ」。「夢霏、隣の山
　は高いというでしょ！ 高望みばかりしていたらいつまでたっても相手は見つ
　からないよ！」）

- 105 -

〔95〕車到山前必有路
Chē dào shān qián bì yǒu lù

山まで来れば道はある

【意味】 車が山裾まで来れば、必ず向こうに通じる道があるものだ。単なる楽観論や希望的観測のようだが、実際に物事を進めていくと、案外道は自然と開けるものだ。案ずるより産むが易し。

【用法】 物事が一定の段階まで進んでいるがまだ結果が見えないとき、「なんとかなるさ」「大丈夫だ」といった気持ちで使う。「必有路」(必ず道はある) と言い切っていても、必ず成功するという確信があるわけではない。この後に「船到桥头自然直」(=船到橋頭自然直) Chuán dào qiáotóu zirán zhí (橋げたに差しかかると船は自然に橋と垂直の方向に向きを変え、下をくぐり抜ける=橋げたにかかれば船の向きは直る) を続けることもある。

【ポイント】 「山前」は山裾。「车到山前」(=車到山前) は車が山裾に着く。

【用法】 1980 年代、このことわざの後に「有路必有丰田车」(=有路必有豊田車) Yǒu lù bì yǒu Fēngtián chē (道があればトヨタがいる) の一句を加えた広告があり、秀逸な広告として有名だった。

【用例 1】 "梓涵，初到国外留学，举目无亲，语言不通，你会很艰难的。" "奶奶，车到山前必有路，不用担心。" "Zǐhán, chū dào guówài liú xué, jǔmù wú qīn, yǔyán bù tōng, nǐ huì hěn jiānnán de." "Nǎinai, chē dào shān qián bì yǒu lù, búyòng dān xīn." (「梓涵、初めての海外留学で、親族はおらず、言葉も通じず、とても苦労するだろうね」。「お祖母ちゃん、山まで来れば道はあるっていうじゃない。心配する必要はないよ」。)

【用例 2】 "高考结束了，我感觉很不好，担心会落选。" "现在多想也没用，车到山前必有路，等通知来了再说吧！" "Gāokǎo jiéshù le, wǒ gǎnjué hěn bù hǎo, dān xīn huì luòxuǎn." "Xiànzài duō xiǎng yě méi yòng, chē dào shān qián bì yǒu lù, děng tōngzhī láile zài shuō ba!" (「大学入試は終わったけれど、出来た感じは全然ない。落ちてたらどうしよう」。「今あれこれ考えても無駄だ。山まで来れば道はある。合否通知が来てからにしよう！」)

第6章　立派に死ぬより這っても生きよ

〔96〕死马当活马医
Sǐ mǎ dàng huó mǎ yī

死んでいたとて手を尽くす

【意味】死んだ馬を生きている馬として治療する。望みがないとわかっていても、最後まで手を尽くす。

【用法】最悪の状況で無駄と知りつつも最後の努力をする。または、最悪の状況だが一縷の望みをつないで引き続き手を尽くす。

【ポイント】「死马」（＝死馬）は死んだ馬。「活马」は生きた馬。「当〜」は〜とみなす。「医」は治療する。

【用例1】"医生说我父亲的病无法治疗，动手术也没用。""死马当活马医，再看看中医吧。""Yīshēng shuō wǒ fùqin de bìng wúfǎ zhìliáo, dòng shǒushù yě méi yòng." "Sǐ mǎ dàng huó mǎ yī, zài kànkan zhōngyī ba."（「医者が、父の病気は手の施しようがないから手術をしても無駄だというんだ」。「死んでいたとて手を尽くすだ。漢方医にもかかってみなよ」。）

【用例2】"孩子成绩一直不好，对中考没有信心，肯定考不上好的高中了，我真着急。""那就死马当活马医，给你介绍一个好的家教试试吧。""Háizi chéngjì yìzhí bù hǎo, duì zhōngkǎo méi yǒu xìnxīn, kěndìng kǎobushàng hǎo de gāozhōng le, wǒ zhēn zháo jí." "Nà jiù sǐ mǎ dàng huó mǎ yī, gěi nǐ jièshào yí ge hǎo de jiājiào shìshi ba."（「うちの子は成績がずっと振るわないので高校入試を諦めかけているの。絶対良い高校には入れない。本当に心配だわ」。「死んでいたとて手を尽くすだ。良い家庭教師を紹介するから試してみなさいよ」。）

〔97〕君子动口，小人动手

Jūnzǐ dòng kǒu, xiǎorén dòng shǒu

君子は口で理を説き、小人は腕力

【意味】 君子は口で理を説き、小人は腕力に訴える。不服があるなら事を
　　分けて相手を説得するべきであり、手を出すべきではない。

【用法】 けんかの仲裁をするときに使うことが多い。争っている双方の間
　　に、第三者がこのことわざを引き割って入る。また、けんかをした人間
　　に対して、腕力に訴えるべきではないと諭すときにも使う。

【ポイント】「君子」は徳の高い立派な人物。「小人」は人格の卑しい人。「动
　　口」（＝動口）は口で理を説く。「动手」（＝動手）は手を出す。腕力に訴
　　える。

【参考】 このことわざの根底には、手足を動かす肉体労働より、頭脳労働
　　の方が格上だという価値観がある。

【用例1】电车上两个乘客吵着吵着动起手来了，赵大妈就劝架说：“君子动
　　口，小人动手，你们不要打了！” Diànchē shàng liǎng ge chéngkè chǎozhe
　　chǎozhe dòngqǐ shǒu lái le, Zhào dàmā jiù quàn jià shuō: "Jūnzǐ dòng kǒu,
　　xiǎorén dòng shǒu, nǐmen búyào dǎ le !"（電車で二人の乗客が言い争いをして
　　いて、殴り合いを始めた。趙さんは中に割って入って言った。「君子は口で理を
　　説き、小人は腕力。二人とも、殴り合いはやめなさい！」）

【用例2】“小汪，你怎么跟他打架了？ 君子动口，小人动手。打人理亏！”
　　“师傅，他又造谣中伤我，还当面骂我，我实在忍不住了！” "Xiǎo Wāng,
　　nǐ zěnme gēn tā dǎ jià le? Jūnzǐ dòng kǒu, xiǎorén dòng shǒu. Dǎ rén lǐkuī !"
　　"Shīfu, tā yòu zào yáo zhòngshāng wǒ, hái dāngmiàn mà wǒ, wǒ shízài
　　rěnbuzhù le !"（「汪よ、お前はなんであいつと殴り合いなんかしたんだ？ 君子
　　は口で理を説き、小人は腕力というじゃないか。手を出したら負けだ！」「親方、
　　あいつはまた有りもしないことを言って俺を中傷したうえ、面と向かってのの
　　しったので、本当にがまんできなくなったんです」。）

- 108 -

第6章 立派に死ぬより這っても生きよ

〔98〕英雄难过美人关
Yīngxióng nán guò měirén guān

英雄も美女につまずく

【意味】 英雄も、美人という関所を越えるのは難しい。有能な男性は往々にして女性で身を亡ぼす。

【用法】 人も認める優秀な男性が、女性との関係によって地位も名誉も失ってしまったことを惜しむときに使う。嘲笑するのではなく、惜しむ語感が強い。

【ポイント】「难～」(＝難)は～するのが難しい。「关」(＝関)は关卡 guānqiǎ、要衝の地に設けられた検問所、徴税処。「过关」(＝過関)は比喩的に使われることが多い。例えば、「过技术关」(＝過技術関) Guò jìshù guān は技術上の難問を解決する。「过美人关」は美人という関所を越える。

【用例1】"赵科长把公司机密泄露给他的情人，被撤职了！""听说了！他是个很有能力的人，英雄难过美人关，真可惜！" "Zhào kēzhǎng bǎ gōngsī jīmì xièlòugěi tā de qíngrén, bèi chè zhí le!" "Tīng shuō le! Tā shì ge hěn yǒu nénglì de rén, yīngxióng nán guò měirén guān, zhēn kěxī!" (「趙課長が、会社の機密を愛人に漏らして免職になったんだって！」「聞いたよ！ 彼はすごく有能なのに。英雄も美女につまずく。本当に惜しいなあ！」)

【用例2】"他是被期待能获诺奖的学者，这几年却没有什么成就了。""听说他迷上了美女，就失去了对研究的热情。真是英雄难过美人关。" "Tā shì bèi qīdài néng huò Nuòjiǎng de xuézhě, zhè jǐ nián què méi yǒu shénme chéngjiù le." "Tīng shuō tā míshàngle měinǚ, jiù shīqùle duì yánjiū de rèqíng. Zhēnshi yīngxióng nán guò měirén guān." (「彼はノーベル賞を取れるのじゃないかと期待された学者だったのに、この数年間は何の成果も挙げていないね」。「美しい女性のとりこになって、研究への熱意を失ってしまったんだって。まったく英雄も美女につまずくだよ」。)

- 109 -

〔99〕长江后浪推前浪

Chángjiāng hòu làng tuī qián làng

波が続いて川は流れる

【意味】 川で後ろの波が前の波を押し進めるように世の中は移り変わり、新しい世代が古い世代に取って代わる。

【用法】 世代交代が一代一代と進んでいく様を形容するときに使う。このことわざの後に「世上新人赶旧人」（＝世上新人趕旧人）Shìshang xīn rén gǎn jiù rén（新しい世代が前の世代を追い払う＝若手が現れ世代は移る）や「前浪死在沙滩上」（＝前浪死在沙灘上）Qián làng sǐzài shātān shang（前の波は砂州に消えるのみ）を続けていうことがある。

【ポイント】「长江」（＝長江）は中国最長の川。「后浪」（＝後浪）は後ろの波。「推」はぐっと押す。

【用例1】"曹师傅，您的徒弟真能干！""长江后浪推前浪，我现在可以退休了。"“Cáo shīfu, nín de túdì zhēn nénggàn!”“Chángjiāng hòu làng tuī qián làng, wǒ xiànzài kěyǐ tuìxiū le.”（「曹親方、親方の弟子は本当に優秀だね！」「波が続いて川は流れるだな。わしもこれで退職できる」。）

【用例2】"这次比赛，十四岁少年战胜了象棋大师。""这么小的年纪，就有这么高的水平，真不简单！ 这就叫长江后浪推前浪。"“Zhè cì bǐsài, shísì suì shàonián zhànshèngle xiàngqí dàshī.”“Zhème xiǎo de niánjì, jiù yǒu zhème gāo de shuǐpíng, zhēn bù jiǎndān! Zhè jiù jiào Chángjiāng hòu làng tuī qián làng.”（「今回の対局では、14歳の少年が中国将棋の名人に打ち勝った」。「こんなに年若いのにこんな高い技量があるなんて、本当にすごいな！ 波が続いて川は流れるとはこのことだ」。）

- 110 -

第6章　立派に死ぬより這っても生きよ

〔100〕送君千里，终有一别
Sòng jūn qiān lǐ, zhōng yǒu yì bié

千里送ろうとも別れは来る

【意味】　千里見送ろうとも、最後には別れが訪れる。別れのときは必ず来るのだから、遠くまで見送る必要はない。

【用法】　友人が遠方へ赴く際の別れの挨拶。このことわざが出たところが別れの場となる。見送る人が友人に、「お送りするのはここまでにします」という意味で使う。また、遠方に行く人が見送ってくれた友人に、「ここでお別れしましょう。もうお帰り下さい」という意味で使う。似たことわざに、「天下没有不散的宴席」Tiānxià méi yǒu bú sàn de yànxí（終わらぬ宴はない）がある。例えば、大学を卒業して各地へ散り行く友と、別れを惜しむ際などに使われる。

【ポイント】「送」は見送る。「君」は人を呼ぶ敬称。「千里」はとても遠い距離。「终」（＝終）は結局、最後には。

【用例1】"小赵，谢谢你今晚为我饯行。" "不客气。俗话说：'送君千里，终有一别'。明天我不去机场送你了。" "Xiǎo Zhào, xièxie nǐ jīnwǎn wèi wǒ jiànxíng." "Bú kèqi. Súhuà shuō: 'Sòng jūn qiān lǐ, zhōng yǒu yì bié.' Míngtiān wǒ bú qù jīchǎng sòng nǐ le."（「趙君、今晩は僕のために送別会を開いてくれてありがとう」。「どういたしまして。ことわざにも千里送ろうとも別れは来るという。明日は、空港へ見送りに行かないことにするね」。）

【用例2】"小陆，送君千里，终有一别。请你留步吧，等我回来再见面！" "Xiǎo Lù, sòng jūn qiān lǐ, zhōng yǒu yì bié. Qǐng nǐ liúbù ba, děng wǒ huílai zài jiàn miàn！"（「陸君、千里送ろうとも別れは来るっていうよね。ここまででいいよ。帰ってきたら、また会おう！」）

- 111 -

コラム──ことわざは生きている

　ことわざの意味は変化する。「情けは人の為ならず」の意味は、本来「人に情けをかければ自分に返ってくる」だが、今では「情けをかけるのは人の為にならない」の意味で使う人が増えたという。

　中国のことわざも同様である。例えば、「做一天和尚撞一天钟」（一日坊主になったらその一日は鐘を撞く＝一日坊主の鐘撞き）は、62頁で述べたように、大陸と台湾で意味が反対になっている。それは意味の歴史的変化の結果に他ならない。

　明代（16世紀）の白話小説を見ると、このことわざは元々「一日坊主になったからには、その一日は鐘を撞かねばならない」という篤実な意味である。例えば、『西遊記』一六回で、礼拝は済んだのにまだ鐘を撞いているのはなぜかと問われた孫悟空が、「你哪里晓得！ 我这是做一日和尚撞一日钟的」Nǐ nǎli xiǎode! Wǒ zhè shì 〜（わかってねえな！〜）と答える。台湾での使い方は、この系統とみられる。

　ところが、清末から中華民国になると、鐘を撞いて「ノルマのルーティーン・ワークをこなすだけでいい」という退嬰的な意味が派生する。元の意味も使われていたので、20世紀初頭には、この二つの意味が混在していた。

　その後、大陸では元の意味では使われなくなり、「おざなりな仕事でお茶を濁す」という消極的な意味に変化した。例えば、毛沢東は『反対自由主義』（1937）で、自由主義は「办事不认真」bàn shì bú rènzhēn（仕事ぶりが不真面目）で「敷衍了事」fūyan liǎo shì （いい加減に事を済ませる）と述べ、「做一天和尚撞一天钟」だとけなしている。今、大陸で使われているのはこの系統だ。

　ことわざの意味は変化する。一つの解釈や用法が広まって多数派になると、それが当たり前の意味になってゆく。ことわざは生きている。

中国語ことわざ索引

【B】

百闻不如一见　85

百闻不如一见，百见不如一干　85

杯弓蛇影　14

鼻子底下就是路　98

鼻子底下通北京　98

比上不足，比下有余　66

冰冻三尺非一日之寒　77

病从口入　10

病从口入，祸从口出　10

病来如山倒，病去如抽丝　9

不打不成交　29

不当家不知柴米价　102

不懂装懂，一辈子饭桶　95

不经一事，不长一智　88

不怕慢，只怕站　87

不听老人言，必定受饥寒　39

不听老人言，吃亏在眼前　39

【C】

长江后浪推前浪　110

长江后浪推前浪，前浪死在沙滩上　110

长江后浪推前浪，世上新人赶旧人　110

常在河边走，哪能不湿鞋　76

车到山前必有路　106

车到山前必有路，船到桥头自然直　106

车到山前必有路，有路必有丰田车　106

吃人家的嘴软，拿人家的手短　64

吃一堑，长一智　88

初生牛犊不怕虎　35

聪明反被聪明误　50

从小看大，三岁知老　8

【D】

当局者迷，旁观者清　46

刀子嘴，豆腐心　16

多喊一声哥，少走十里坡　98

多年邻居变成亲　58

多一个朋友多一条路，多一个仇人多一堵墙　30

【E】

儿行千里母担忧，母行千里儿不愁　25

【F】

敷衍了事　112

福无双至，祸不单行　4

【G】

各人自扫门前雪，莫管他人瓦上霜　79

狗记三千，猫记八百　80

狗是忠臣，猫是奸臣　80

【H】

孩子是自己的好　21

害人之心不可有，防人之心不可无　96

好了伤疤忘了疼　101

好猫护三家，好狗护四邻　80

好死不如赖活着　100

恨铁不成钢　33

红花还得绿叶扶　57

话不投机半句多　27

活到老，学到老　37

祸不单行　4

祸从口出　10

【J】

机不可失，时不再来　49

鸡蛋里挑骨头　78

鸡蛋碰石头　71

己所不欲勿施于人　92

家丑不可外扬　24

- 113 -

家家都有本难念的经 22
家家都有难唱曲 22
姜还是老的辣 38
江山易移，本性难改 103
解铃还需系铃人 42
解铃系铃 42
金乡邻，银亲眷 58
近水楼台先得月 44
近水楼台先得月，向阳花木易为春 44
井水不犯河水 69
井水不犯河水，你走你的阳关道，我过我
　的独木桥 69
酒逢知己千杯少，话不投机半句多 27
久旱逢甘雨，他乡闻乡音 40
君子成人之美 45
君子动口，小人动手 108

【K】
孔夫子搬家——尽是书（输） 14

【L】
癞蛤蟆伸长脖子想吞月亮 19
癞蛤蟆想吃天鹅肉 19
浪子回头金不换 36
老婆是别人的好，孩子是自己的好 21
老乡见老乡，两眼泪汪汪 31
离乡不离腔 40
临时抱佛脚 53
留得青山在，不怕没柴烧 7
路从口中找 98
路遥知马力，日久见人心 26

【M】
麻雀虽小，五脏俱全 12
买鱼买肉留亲眷，贼偷火烧喊四邻 58
猫管库门，狗管大门 80
猫恋食，狗恋家 80
没做亏心事，不怕鬼叫门 93
【N】

男大当婚，女大当嫁 17
男儿有泪不轻弹 34
你走你的阳关道，我过我的独木桥 69
女大十八变 18
女大十八变，越变越好看 18

【P】
跑了和尚，跑不了庙 52
平时不烧香，临时抱佛脚 53
平时不做亏心事，何怕阎王叫三更 93

【Q】
千金买宅，万金买邻 58
千里送鹅毛，礼轻情意重 54
千里之行始于足下 86
巧妇难为无米之炊 74
清官难断家务事 23
情人眼里出西施 20

【R】
人比人，气死人 67
人不可貌相 94
人不可貌相，海水不可斗量 94
人怕出名猪怕壮 63
人是铁，饭是钢 91
人是铁，饭是钢，一顿不吃饿得慌 91
人无远虑，必有近忧 84
人心齐，泰山移 14

【S】
三个臭皮匠，顶个诸葛亮 61
三个和尚没水喝 60
三十年河东，三十年河西 3
三岁定八十 8
三天打鱼，两天晒网 89
山外有山，天外有天 6
上梁不正下梁歪 65
蛇入竹筒，曲性犹在 103

失了乡音忘了本　40
瘦死的骆驼比马大　75
说曹操，曹操就到　13
死马当活马医　107
送君千里，终有一别　111

【T】
天下没有不散的宴席　111
天有不测风云，人有旦夕祸福　2
同行是冤家　68
偷鸡不着蚀把米　73

【W】
文章是自己的好，老婆是别人的好　21
物以稀为贵　11

【X】
瞎猫碰到死老鼠　70
乡亲遇乡亲，说话真好听　40
新姜没有老姜辣　38

【Y】
眼不见，心不烦　47
养兵千日，用兵一时　97
夜路走多了，总会遇到鬼　76

一寸光阴一寸金，寸金难买寸光阴　90
一个巴掌拍不响　43
一个和尚挑水喝，两个和尚抬水喝，三个
　和尚没水喝　60
一个碗不响，两个碗叮当　43
一口吃不成个胖子　82
以卵击石　71
英雄难过美人关　109
有钱能使鬼推磨　51
有眼不识泰山　55
有缘千里来相会，无缘对面不相逢　5
与人方便，自己方便　48
远亲不如近邻　32、58

【Z】
在家靠父母，出外靠朋友　28
早喂猫，晚喂狗　80
站得高，望得远　56
照葫芦画瓢　104
照猫画虎　104
这山望着那山高　105
只要功夫深，铁杵磨成针　83
种瓜得瓜，种豆得豆　72
自不量力　71
做一天和尚撞一天钟　62、112

日本語訳ことわざ索引

【あ】

あちらはあちら、こちらはこちら　69
あちらはあちら、こちらはこちら、お
　互い自分の道を行く　69
雨風と禍は不意に来る　2
合わねば言葉もむなし　27
いい加減に事を済ませる　112
家では父母、外では友が頼り　28
家の恥は外へさらすな　24
一日坊主の鐘突き　62、112
犬は三千里、猫は八百里の道を知る
　80
犬は忠臣、猫は奸臣　80
上の梁がかしげば下の梁がゆがむ　65
上を見ればきりがなく、下を見てもき
　りがない　66
魚や肉で接待するのが親戚、泥棒や火
　事で助けを呼ぶのは隣り近所　58
噂は主を呼ぶ　13
英雄も美女につまずく　109
お国訛りを失えば来し方を忘れる　40
遅くてもいいが立ち止まるな　87
お供え一つせぬくせに、苦しいときは
　神仏頼み　53
お互い自分の道を行く　69
男はみだりに泣かぬもの　34
おのれの欲せざるところを人に施すな
　かれ　92
終わらぬ宴はない　111

【か】

賢い猫や犬は隣り近所まで守る　80
干天の慈雨だ、こんな所でお国訛りに
　出会ったぞ　40
餓死したラクダも馬よりでかい　75
ガマが月をねらう　19

ガマが鳥をねらう　19
気が合えば酒はうまし、合わねば言葉
　もむなし　27
傷が癒えれば痛さを忘れる　101
近隣は金、親戚は銀　58
口惜しや、なんで鋼に成りきれぬ　33
口は刀でも心は豆腐　16
国変わるとも人は変わらず　103
君子様のお助け　45
君子は口で理を説き、小人は腕力　108
君子は人を助けるもの　45
経験なくして英知なし　88
喧嘩してこそ友　29
孔子様の引っ越し―― 本ばかり（＝負
　けてばかり）　14
仔牛はトラを恐れず　35
心を一つにすれば泰山だって動かせる
　14
故郷の人と行き合えば、言葉の響きが
　嬉しいな　40
故郷の人に行き合えば涙あふれて止ま
　ず　31
故郷は離れても、お国訛りは変えられ
　ぬ　40
小鳥にも五臓六腑は揃っている　12
子どもは自分のが一番　21
子の改心は黄金に勝る　36
この種にしてこの実あり　72
ご馳走されれば物言えず、物をもらえ
　ば断れず　64

【さ】

三人寄れば無責任　60
しがない靴屋も三人寄れば諸葛孔明
　61
知ったかぶりは一生能なし　95

- 116 -

死ぬまで学びは果てぬもの　37
生姜はひねたのが辛い　38
精進すれば事は成る　83
新生姜はひね生姜ほど辛くない　38
死んでいたとて手を尽くす　107
少ない物に値は付く　11
青山あれば薪尽きず　7
千金で家を買い、万金で近所を買う　58
千日の備えはこの日のために　97
千里送ろうとも別れは来る　111
千里の道も一歩から　86
銭さえあれば幽鬼でも使える　51
その場しのぎの付け焼刃　53

【た】
泰山のふもとで泰山を見ず　55
高みに登れば遠くが見える　56
卵で石を打つ　71
卵の中にも骨を見つける　78
知恵者は知恵に溺れる　50
チャンスは逃すな、二度とは来ない　49
つけた鈴は自分で外せ　42
つまずきが知恵を生む　88
遠い子に母は胸ふたぎ、よし母遠くとも子は憂えず　25
遠い子に母は胸ふたぐ　25
遠い親戚より近くの他人　32、58
遠き慮りなければ近き憂いあり　84
遠乗りをして馬の脚を知り、日を重ねて人の心を知る　26
時は金でも金では買えぬ　90
時行けば幸はうつろう　3
得をするのはまず周り、水面の月は汀から取る　44
得をするのはまず周り、水面の月は汀から取り、春の芽吹きは日向から来る　44

年寄りの言は聞かねば損を見る　39
年寄りの言を聞かねば、待つのは落魄　39
隣の山は高い　105
友あれば道開け、敵あれば壁生ず　30
鶏は盗めず餌も失う　73
同業者は敵　68
どの家にも歌えぬ歌がある　22
どんなに伸ばしても蛇はまたくねる　103

【な】
長年の隣人は親戚同様　58
波が続いて川は流れる　110
波が続いて川は流れる、前の波は砂州に消えるのみ　110
波が続いて川は流れる、若手が現れ世代は移る　110
悩みのない家はない　22
女房は他人のが良く、子どもは自分のが良い　21
猫の飯は朝、犬の飯は夜　80
猫は倉を守り、犬は門を守る　80
猫は食に付き、犬は家に付く　80
猫を見て虎を描く　104

【は】
葉あっての赤い花　57
橋げたにかかれば船の向きは直る　106
はた目の方が物は見える　46
鼻の下から道が通じる　98
鼻の下は北京に通じる　98
羽根一つにも心はこもる　54
一口にして布袋腹はならず　82
一言兄さんと呼べば、十里の坂道を通らずにすむ　98
人と比べりゃ腹が立つ　67
人の縁に道のりなし　5

人は一生勉強　37
人は名を成すを恐れブタは肥ゆるを恐
　　る　63
人は見かけによらぬもの、海は升では
　　計れぬもの　94
人への徳は我が身の得　48
一人では喧嘩ができない　43
人を害するな、人に害されるな　96
百聞は一見に如かず　85
百聞は一見に如かず、百見は一試に如
　　かず　85
ヒョウタンを見てひさごを描く　104
日を経て氷は厚くなる　77
福は続かず、禍も重なる　4
文章は自分のが良く、女房は他人のが
　　良い　21
判官も家は裁けぬ　23
惚れた目で見りゃ醜女も西施　20
坊さん一人で水二桶、坊さん二人で水
　　一桶、三人寄れば汲みもせず　60
坊主は逃げても寺は残る　52

【ま】
水際の靴は濡れる　76
道は口からさがすもの　98
三日働きゃ二日は休み　89
三つ子の魂八十まで　8
見ぬもの清し　47
身の程知らず　71
娘時代は十八変化　18
娘時代は十八変化、どんどん美人にな
　　ってゆく　18
飯は力のもと　91

飯は力のもと、一度抜けても耐えられ
　　ぬ　91
娶り嫁いで一人前　17
盲目の猫もネズミに当たる　70

【や】
病は口から　10
病は口から、禍も口から　10
やましいことをしなければ、閻魔さま
　　とて恐くない　93
やましさなければ恐れなし　93
山まで来れば道はある　106
山まで来れば道はある、橋げたにかか
　　れば船の向きは直る　106
山まで来れば道はある、道があればト
　　ヨタがいる　106
山や空はよそにもある　6
病むときは山津浪のように、治るとき
　　は糸挽くように　9
遣り繰り知らずの苦労知らず　102
やり手の嫁も米がなければ飯は炊けな
　　い　74
行く末は、三つ子の姿に表れる　8
夜道を歩けば幽鬼に当たる　76

【ら】
立派に死ぬより這っても生きよ　100

【わ】
我が家のために雪かきしても、よその
　　家なら霜も払うな　79
禍は重なる　4
禍は口から　10

参考文献

本書執筆に際しては、以下の書籍を参照した。

朱介凡『中華諺語志』（全 11 巻）、台湾商務印書館、1989

中国民間文学集成全国編輯委員会『中国谚语集成』、中国民間文艺出版社、
　1990〜2009

温端政・王树山・沈慧云『古今俗語集成』（全 6 巻）、山西人民出版社、1989

温端政・周荐『二十世纪的汉语俗语研究』、书海出版社、2000

温端政・王树山・沈慧云『中国俗语大辞典』、上海辞书出版社、1989

徐宗才・应俊玲『常用俗语手册』、北京语言学院出版社、1985

北村孝一『世界ことわざ辞典』、東京堂出版、1987 [3 版、1993]

北村孝一監修『故事俗信ことわざ大辞典』第 2 版、小学館、2012

千野明日香『中国のことわざ』（あじあブックス）、大修館書店、2010
　　＊巻末に「中国ことわざブックリスト」がある。中国のことわざ、歇後語（しゃれ言
　　葉）、成語（四字熟語）などに関する書籍を収録。

■著　者■

千野　明日香（せんの　あすか）

東京生まれ。ことわざ学会会員。東京都立大学大学院人文科学研究科中国文学
専攻後期博士課程終了。著書に『中国語のことわざ』（大修館書店）がある。

■協力者■

八角　朱恵（はっかく　あきえ）
中国上海生まれ。上海師範大学中国語言文学系卒業。上海で国語教師、日本で
中国語教師を務める。日本華文作家協会会員。日本中国文化交流協会会員。

※本シリーズの訳文に一部差別的と誤解される恐れのある語がありますが、著者および出版社
　は差別を容認する意図はございません。

ミニマムで学ぶ　中国語のことわざ
2024 年 9 月 20 日　　第1版第1刷　発行

著　者　　千野　明日香
監修者　　北村　孝一
発行者　　柴田　昌伸
発行所　　株式会社クレス出版
　　　　　東京都中央区日本橋小伝馬町 14-5
　　　　　TEL 03-3808-1821　FAX 03-3808-1822
印刷所　　株式会社平河工業社

ISBN978-4-87733-953-1　C3039　¥1800E
落丁・乱丁本は交換いたします。　　©2024　Asuka SENNO